人物

中国汉画造型艺术图典

杨絮飞 编著

中原出版传媒集团
中原传媒股份公司

大象出版社
·郑州·

图书在版编目(CIP)数据

中国汉画造型艺术图典.人物/杨絮飞编著.— 郑州：大象出版社，2014.11（2019.2重印）
 ISBN 978-7-5347-8123-0

Ⅰ.①中… Ⅱ.①杨… Ⅲ.①画像石—中国—汉代—图集②画像砖—中国—汉代—图集 Ⅳ.①K879.422

中国版本图书馆 CIP 数据核字(2014)第 199329 号

中国汉画造型艺术图典　人物
ZHONGGUO HANHUA ZAOXING YISHU TUDIAN　RENWU

杨絮飞　编著

出 版 人	王刘纯
责任编辑	王刘纯　王晓宁　李亚楠　石更新
责任校对	安德华　牛志远
封面设计	王莉娟
内文设计	美　霖

出版发行	大象出版社（郑州市郑东新区祥盛街 27 号　邮政编码 450016）
	发行科 0371-63863551　总编室 0371-65597936
网　　址	www.daxiang.cn
印　　刷	郑州新海岸电脑彩色制印有限公司
经　　销	各地新华书店经销
开　　本	787mm×1092mm　1/16
印　　张	46
版　　次	2014 年 11 月第 1 版　2019 年 2 月第 2 次印刷
定　　价	120.00 元

若发现印、装质量问题，影响阅读，请与承印厂联系调换。
印厂地址　郑州市鼎尚街 15 号
邮政编码　450002　　　　电话　0371-67358093

总序

秦汉时期是中华民族的民族气质和民族精神形成以至确立的时期。汉代波澜壮阔的四百多年的历史进程，给我们留下了丰富的历史文化财富。汉画是汉代留给我们的宝贵的非物质文化遗产，而自信强悍、昂扬进取、气度恢宏，则是汉代给我们的民族留下的重要的精神基因。汉画造型艺术在中国美术史上更是卓尔不凡，正如鲁迅先生评价的那样："惟汉人石刻，气魄深沉雄大……倘取入木刻，或可另辟一境界也。"

从狭义上讲，汉画指的是汉代的画像石和画像砖艺术。从广义上讲，汉画造型艺术可分为四大类：一是以雕绘方式创作出来的作品，如汉画像石、汉代玉器以及肖形印等；二是以模印方式创作出来的作品，如汉画像砖、汉瓦当、泥封、铜镜、摇钱树、陶灶等；三是以绘画方式创作出来的作品，如汉代的帛画、壁画、漆画等；四是以塑绘相结合的方式创作出来的作品，如汉代的陶楼与陶俑等。汉画内涵丰富，其神话传说、历史典故、生产生活、审美纹饰等形象繁多，生动多彩，著名历史学家翦伯赞在《秦汉史》

中称汉画"几乎可以成为一部绣像的汉代史",堪称为形象的先秦文化和汉代社会的百科全书。因此,汉画不仅引起文物考古界、艺术界的关注,而且也为历史、宗教、民俗、天文、建筑、体育、曲艺、酿制、纺织、印染等专业学科工作者所瞩目。

汉画艺术具有丰富的审美内涵和多样化的艺术风格,写实、夸张,粗犷、细腻,简练、繁复,稚拙、成熟,质朴、妩媚,热烈、疏淡,含蓄、直白,俏皮、庄重……总之,汉画艺术给人以极其丰富的审美感受。总结汉画造型艺术的特点,可以概括为:艺术风格博大雄浑,艺术表现夸张变形,富有律动的美感,注重神韵的形象追求等。从汉画造型艺术中,我们甚至可以探寻到现代立体主义、表现主义和波普艺术等的影子。

对于汉画艺术的研究、探索,不同的人有着不同的角度:考古学家更关注汉画的"质"——汉画的质地和材料、制作年代、类型特征以及汉画反映出的社会生活的实际内容等;历史学家更注重汉画具有的"桥"的作用——将它们看作是贯通那个时代的人与社会事件的一个重要途径;美术史家更侧重于汉画的"美"——汉画图像的客观象征意义以及在整个美术发展史中的意义等;而科技、农业、手工业、民俗、音乐、舞蹈、曲艺、体育、服饰、建筑等诸方面的专家学者也能够从各自的领域与专业的角度得到相应的启迪。

把拓片运用于金石研究是中国特有的一种方法。汉画像石、汉画像砖、汉瓦当、青铜器、陶瓷艺术等属于具有三维空间的雕塑艺术形式，而拓片则属于二维空间的艺术形式。客观地说，拓片与原作相比差别还是很大的，如材料、质地、色泽以及空间的转折变化等，甚至可以说是两种不同类型的艺术形式。然而，拓片自有其独有的特点：一是对汉画形象的二度创造，将立体形象浓缩于二维图形之中；二是可能更接近图像的本质。拓片以浓墨凸显主体形象，省略背景，使读者能更直接、更快捷、更概括地辨识与记录图像和文字。傅雷先生在写给他在海外学习音乐的儿子傅聪的信中，随寄有中国传统拓片若干，他告诉儿子拓片是最具中国特色的传统"印刷术"——没有西方版画印刷翻转的不便，具有中国艺术气息，应该多加阅读和学习。我们可以这样认为：拓片是中国水墨画与传统雕刻艺术的碰撞与融合，是中国传统艺术中别具一格的一种形式。这也许就是在当今信息高度发达的时代拓片仍然富有生命力的原因之一。

利用汉画像石、汉画像砖、汉铜镜和摇钱树、汉瓦当、汉肖形印、汉陶楼陶灶等汉画艺术形象的拓本，按照龙、神仙、祥瑞、人物、动物、器物、建筑、纹饰等八个部分进行分类汇集，编辑出一套以图画形象为表现主体的工具书以供广大艺术工作者和美术爱好者使用，便是《中国汉画造型艺术图典》编撰的主要目的。

从 2004 年至今，整整十年时间，建设汉画图库的梦想终于可以实现了。本套丛书的出版，若能得到专家学者的认可和艺术工作者的喜爱，能为读者的学习和研究提供些许参考，让其在阅读中体验和感悟汉画造型艺术的无穷魅力，也就不负我们这3600多个日日夜夜的辛劳了。

杨絮飞　李国新　杨蕴菁

2014年4月于浙江农林大学

汉画人物形象的艺术特色及造型特征

一、汉画人物形象的艺术特色

1. 风格多彩

王朝闻先生 1989 年在参观了南阳汉画馆后曾谈道:"初步印象可以说明,阳春白雪与下里巴人之间没有绝对的界限……"如果把全国的汉画人物形象加以汇总,按照现代人对绘画的风格及流派的界定方式进行分类后会发现:汉画人物形象几乎囊括了现代所有艺术形式,整体呈现出一种"百花齐放"的局面。

（1）现实主义风格的人物形象

在汉画像砖里,河南淅川的《持节吏》结构准确,造型严谨,表现细腻。河南新郑的《持戟侍吏》里的人物,轮廓神态十分逼真。新野樊集画像砖的门吏形象,风格纯朴、率真,清新之气扑面而来,让人觉得在市井中迎面可见。洛阳画像砖人物形象线条洗练、语言严谨,其艺术风格也是接近现实主义的。

在汉画像石中,再现现实的作品也很多。浙江海宁长安镇画像石中的人物轮廓线准确，无论是精致的细节还是大的形象结构，都处理得十分到位。而山东沂南北寨汉墓画像石上的人物，形象造型准确，线条比海宁的要细密、匀称一点，其用线的技巧丝毫不逊色于后来的白描艺术形式。安徽亳州曹腾墓画像石更为典型，堪称造型精准的白描艺术典范。在四川画像石中，人物形象多是写实的。汉代帛画、壁画等汉画品种中也多有细腻工整、刻画入木三分的人物造型。

（2）浪漫主义风格的人物形象

新野樊集汉画像砖中表现战争、杂技以及歌舞场面的人物，常常被夸张变形，与现实中的人物有了很大距离。如战场中的指挥官身体巨大，远远超出了现实正常的比例，更接近于人们心目中对主帅的一种印象。这种舍弃了真实比例而注重"主观真实"的人物艺术形象往往会给人们带来一种热烈奔放的感觉。郑州画像砖中有些人物头部很小，手臂被拉得很长；有些成人被描绘成孩童模样，散发着童话般的浪漫主义气息，让人感受到一种独特的稚嫩和新奇。四川画像砖《春米》中的人物形象被意象化处理成蚂蚁的样子，生动形象地揭示出他们勤劳、奉献的品性。南阳麒麟岗画像石里的一些人物形象加入了动物的特征，变得舒展而富有动感，给人一种滑稽感，产生出一种诗意的浪漫情怀。南阳画像石中许多舞乐形象都作了夸张变形，舞者的腰部比鲍林公主还要纤细，舞姿比赵飞燕还要轻盈，达到了一般现实主义作品所不能达到的艺术效果。山东嘉祥武氏祠画像石中的人物形象与现实中的人物处在"似与不似之间"，人物形象雄强凝重，整个人物的精神面貌也给人一种紧张、亢奋的感觉，在浪漫情调里加入了英雄主义色彩。

（3）表现主义风格的人物形象

这类作品在视觉形式上往往与现实主义相去甚远，其怪异、夸张的形象特征却更能震慑人心。

如河南邓州祁营画像砖《武士》，人形几乎尽失——这个性格暴戾的武士被刻画成浑身长满刺的刺猬，给人的印象非常强烈。南阳石桥画像石《蹶张》，其身体是由两个几何形构成的：上身是方形——坚而无缝，下身是一个一角朝下的菱形；方形压着菱形向下用力，简直就是一个制造动力的装置！兖州画像石《神人》整个身体表面布满了"点"，简直像一个大蟾蜍，牢牢吸住人的眼球。江苏睢宁张圩的画像石《门吏》，身体被拉得很长，浑身布满刺绣般细密的线质肌理，具有超强烈的装饰美感。

灿若星海的汉画人物形象库里，一个个鲜活的艺术生命给人异彩纷呈的感觉。仅举三种艺术风格显然是不足的。这里只是信手拿来三根彩线，把散落的汉代人物造型艺术的珍珠粗粗地穿成三串，让那些盲目羡慕西方艺术的人们看一看中国原汁原味的造型艺术在某一个时期对西方诸流派的"囊括"。比如：新密打虎亭的精细线描可以与安格尔媲美；洛阳画像砖的严谨、简练可同荷尔拜因抗衡；绥德画像石里农民劳动的身影，往往使人想到米勒；四川画像砖里的作坊又让人想起库尔贝。还有马蒂斯、康定斯基、毕加索、蒙德里安，他们似乎也都可以在汉画里找到自己的知音……

2. 形神兼备

中国传统造型艺术特别注重对神韵的追求。多数人认为是顾恺之吹响了以形写神的号角，其实，中国艺术家对于形象神韵的重视远在顾恺之之前。汉画造型艺术中的人物形象都是比较注重神韵的表现的，并且达到了形神兼备的境界。

汉画造型艺术中有很多个性鲜明的人物表情描写。丰富的五官组合"安置"在个性鲜明的脸盘上，便产生出无数个表情丰富、个性分明的生动形象。如安徽亳州曹腾汉墓甬道上的形象：武士眉毛高挑，两眼圆睁，鼻孔大开，表情狰狞，一股威武之气迎面袭来；

而亭长头正颈端，眉宇舒展，双目凝视，口角闭合，一副庄重、严肃的神情。近邻两形象一文一武、一静一动，其差异都在眉宇之间鲜明地体现了出来。

展现人物性格，面部表情固然重要，人的体态语言则更为重要，如果艺术家能够把生动的体态语言注入到形象中，那么他所描绘出的形象自然会性格鲜明。舞蹈就是通过演员体态变换来反映角色的个性特征的，演员往往"面无表情"，因为过度的面部表情容易引起观众对舞者局部的关注而失却对其体态变化的注意。一些汉画造型艺术中的人物连五官都看不清，我们却能真切地感受到人物的喜、怒、哀、乐，这就得益于人物极富变化的形体语言。

3. 律动之美

宗白华在《美学散步》中说："在汉代，不但舞蹈、杂技等艺术十分发达，就是绘画、雕刻，也无一不呈现一种飞舞的状态……充分反映了汉民族在当时的前进的活力。"对运动感的强调是汉代艺术形象的重要特征。

绘画和雕塑原本是静态的、固定的，美术创作难就难在在静态中展现出运动感。而富有韵律美是美术作品"气韵生动"的核心。汉画中形象的运动感和韵律感的创造主要有两种方法：一是形象的动态塑造，二是通过巧妙的构图使形象之间有一种呼应关系。

汉画中有相对"安静"的形象，但是，就整幅画面而言，形象皆处于"安静"状态的情况绝不多见，可以说在每幅画中皆有富有动感的形象。

那些载歌载舞的艺伎形象自然是很富有动感的。如在南阳汉画像石中，工匠们在塑造舞蹈者的形象时，大多沿袭了楚文化的传统表现习惯：舞蹈者一般是细腰翘臀，剧烈扭动的身躯展现出动人的曲线美。工匠们在描绘舞蹈者的运动时，不仅充分调动人的肢体语言，抑扬有度、张弛得当，而且还通过舞蹈者的衣饰和道具的衬托，来加强形象的运动感。长巾舞者的长巾，圆转起伏，胜似"当风之吴带"；手执短帕的舞者，手帕引导着舞蹈者躯体运动的趋向；飘动的衣衫使舞蹈者的舞姿更具神韵。

不同形象的巧妙组合也能营造出运动感与节奏美来：在"人强兽弱"的斗兽图中，人一般是张开双臂，或赤手，或紧握武器，两腿高抬，张口大吼向野兽冲击；人的形象动作幅度大，形象极为夸张，具有强烈的视觉张力。与"人强兽弱"相反的局面是：野兽张开四肢，竭尽全力向人发动攻击，而人则是从容地反击。二人搏击图一般虽是势均力敌的战斗，但人物形象姿态各异，也很具有视觉审美意义。

有的画面则是众多形象的大集聚，如《车骑出行》，人马聚集，形象众多。工匠们犹如指挥千军万马的将军，能够合理安排形象、分配"运动势能"，创作出一种动静结合、张弛相益、蕴含着巨大运动势能的形象组合来。在车骑出行类的画面中，工匠首先运用数量差异来处理运动感的问题，在横长的画面中有的段落密不透风，有的段落空无一物，有的段落只有两三个人；这多、无、少、密、空、疏的对比与变化，构成了整个画面的运动感和节奏美。在画面的上下位置处理中，下部的底线一般较为统一，上部往往形成富有运动感、节奏美的高低起伏变化的曲线。工匠对拥挤的人群的安排更是巧妙：采用叠加、遮挡等处理技巧，使拥挤的人群中的人物形象有大有小、有远有近、有虚有实、有藏有露。这种变化和对比，也能够增强画面运动的节律。工匠们在画面处理中还使用重复的艺术技巧，如一个车马组合稍微地改变形象，多次使用。这种重复处理犹如影视艺术中一个形象按一定频率多次重复闪现一样，强化了我们对形象的印象，给我们带来了运动审美的享受。

4. 夸张变形

汉画造型艺术给予我们强烈的艺术震撼力，很大程度上得力于夸张与变形的艺术处理手法。我们现在谈及的立体主义、表现主义等西方现代艺术中夸张和变形的艺术处理手法在汉画中是比较常见的。

汉画造型艺术中的夸张与变形艺术处理往往体现在对形象比例的夸张，采用"超常规"手法，"随意"处理形象的部分形状，以实现一定的视觉效果、表达作者超凡的审美情趣与艺术表现力。如南阳画像石《舞乐百戏》中男女身材体量反差极大，舞女娇柔、灵巧，神韵油然而生，画面左边的女性身材更是娇小；两个舞女绝对能够展现出"楚王好细腰"的时尚，这种细腰让人们感到一种轻盈的美，但再细的腰绝对不可能如画中形象，那是不符合人的生理特征的。

在人们的印象中，中国美术作品中的人物，特别是人们敬佩的英雄和神仙往往是比较"矮"的——人体比例远远小于1∶7头长；而西方的英雄和神灵往往是1∶8—1∶10头长。这种印象的产生多源于汉代以后的美术作品，在汉画造型艺术中我们可以经常看到灵活运用人体比例的情况。如山东一些画像石中，对受人尊重的古代先贤，往往运用1∶10头长甚至更夸张的比例；再加上宽博的衣服，让观众有一种崇高的美感。对门吏、仆人等地位低下的形象，则多采用远低于正常人体的比例，反映出这些小人物的敦厚、可爱。汉画中的蹶张往往头部很大，虎背熊腰，而四肢却有意地弱化处理，这一强一弱的大对比、大反差，戏剧化地强调了蹶张者的无穷神力。蹶张者比正常人矮了许多，正好表现出蹶张时弯腰聚力的状态。

5. 工写兼备

从文化角度分析，一般来说，受楚文化影响较大地区的汉画造型较为"写意"和浪漫，如南阳汉画。而山东等地受礼教影响较大，汉画造型风格多工整一些。从材料因素分析，质地粗糙的石灰石、沙石上面的形象自然会"写意"一些，而在质地细腻的青石上雕刻形象则容易工整；铜镜、帛画显然工细很多，而瓦当和少见优质黏土的山区的画像砖则往往造型粗犷。从汉画使用上分析，地位较高、规模宏大的墓室或祠堂的画像石形象多"工笔"一些，而地位低下、构造简单的墓室汉画则多"写意"一些。从创作者身份的角度分析，负有盛名、技术成熟的宫廷匠师创作的作品较为"工笔"一些，而民间匠师的作品则相对"写意"一些。

二、汉画人物形象的造型特征

1. 科学的人体解剖表现

有人说中国传统美术中对裸体形象的塑造和对人物的解剖理解与西方相比很是欠缺。这种现象多出现在汉代以后，特别是在宋代以后的美术作品中。在程朱理学的约束下，人们对衣服的穿着要求很严格，赤身裸体是大不敬的。在如此环境下，出现精美的表现人体的美术作品是不可想象的。然而，当你认真搜寻汉代及其以前的美术作品时，会发现裸体艺术形象并不少见，并且有不俗的艺术价值。在汉画中还出现一些诸如"秘戏"题材的画面。汉代是一个尚武的时代，我们在汉画像石中经常会看到赤裸上身的武士形象。如在山东沂南北寨画像石中，有一些赤裸上身的百戏艺人的形象，其人体的塑造透视准确、造型生动，堪称佳作。在淮北市还出现一些人体解剖生动准确的力士圆雕，其艺术成就不亚于盛唐武士。

2. 多视角的透视现象

有人认为中国传统美术没有科学性，写实能力很差。持这种观点的人认为：战国时期的《人物龙凤图》《人物御龙图》中的人物形象都为正侧面，而眼睛却是正面的，与古埃及人物的造型差不多，没有用科学的观察、表现手法来表达，甚至在以后的作品中还会看到类似情况。也有专家认为：汉画艺术是比较低级的造型形式，因为在汉画中可以看到很多造型幼稚的形象。其实，他们是只知其一不知其二，以几个形象就断言中国传统艺术水平落后是不客观的，况且它们未必是当时经典、成熟的作品。在数十万汉画形象中出现几次造型稚拙的情况是可以理解的，不能用特殊性来证明普遍性。

在汉画造型艺术中，我们可以见到很多造型生动、透视准确的形象，如山东沂南北寨、武氏祠、新密打虎亭、南阳麒麟岗、安徽亳州画像石中的形象足以体现出中国汉画造型艺术的高度成熟。在汉画中，我们可以看到从人物的正面、正侧面、四分之三侧面、背面等各个角度所表现的形象，能够全方位准确表达人物形象，其造型的功力与科学的态度一目了然。在汉画中还可看到从正背面和正前面表现骑马者的情况，近十个空间层次立体的准确表现，就是对今天经过科学训练、具有成熟技法的画家来说，也是一个很艰难的挑战。

3. 高度简洁的形象轮廓

史载，曾有人用剪影的方式表现汉武帝已逝宠妃李夫人，几乎乱真。显然，轮廓是形象最本质的特征，是塑造形象的关键所在。简洁明了的轮廓，是直接而又快捷地抓住人们视线的秘密武器。在汉画人物中，我们能够真切地感受到简洁轮廓带来的神奇魅力，特别是那些侍从、门吏，其外轮廓往往简洁到不能再简洁的地步，人物却形神兼备。以至简之形而能承载最多，这是艺术作品的最高境界。

汉画造型艺术中高度简洁的形体轮廓有几种有趣的形式，值得大家关注：

直筒瓶式：把雕塑形象的外轮廓简化在一个虚拟圆柱体内，而把平面化的形象概括在竖直的矩形里。汉画中很多门吏、侍从乃至圣人身边的门徒等形象多见此种形式。把活生生的形象拘禁在一个格式里，虽不免呆板，但却像一个富有内功的大师，越木讷越显得有内功。

花瓶式：传统的中国花瓶小口、细颈、宽肩、收腰、放底，形状与女性身躯的特征相似。汉画中的一些形象，正面端庄直立，发髻（或高冠）高耸，长袖宽大，再加上多束腰，就形成这种花瓶式的外轮廓。整体看来，简洁、婉转而富有变化，其形状的变化来源于曲折有度的圆弧线的自如收放，如行云流水般富有韵致。

宽底酒坛式：在汉画艺术中，常见穿着宽大衣袍的人端坐于席，形成上小下大、较为对称的坛子形状，由于重心较低，给人以端庄、稳重、大方之感。这样的形象放在画面主要位置，就会给人一种霸气的感觉，如汉画中的西王母、东王公基本上就是这种造型模式。这些人物形象没有丝毫张扬之感，内敛、稳重，但绝不失威严。

青蛙式：活跃而富有生机的青蛙，头与身连在一起，整体呈现出上部略窄、下部略宽的形状。它的四肢相对较弱，上肢尤细。民间画师创作口诀有"将无颈"，无颈其实是颈部较粗短，仿佛头与身体连为一体。武士身躯威武，人们常用"虎背熊腰"来形容他们。汉代艺术家就借用类似将军的身材，再加上些"仿生"的造型，就形成了表现力士的"青蛙式"的造型。山东沂南北寨《戴竿之戏》《飞剑跳丸》、临沂白庄的《击鼓》、南阳的《武士》以及各地区震撼人心的蹴张形象，无不体现出其简洁的造型特征。

几何式：如山东武氏祠前室后壁画像石中的羽人，躯干是用一个梯形和一个三角形组成，其造型之简洁令人称奇。

目录

百戏	001
舞蹈	041
驯兽	131
奏乐	133
武士	152
狩猎	342
战争	365
妇女	372
农事	400
百工	413
捕鱼	420
庖厨	425

放牧	448
捕鸟	450
阉牛	451
拥彗	453
侍者	469
乞讨者	477
耆者	478
宴饮	480
拜谒	493
迎宾	519
送行	534
游戏	535
燕居	552
主仆	581
赏艺	588
门吏	590
官吏	610
历史人物	636
众人物	690
人面人首	715

百戏

① 百戏，汉画像石，河南南阳蒲山

① 百戏，汉画像石，河南南阳麒麟岗
② 百戏，汉画像石，河南南阳王寨

① 百戏，汉画像石，河南南阳宛城区
② 百戏，汉画像石，河南南阳王庄
③ 百戏，汉画像石，河南南阳

① 百戏，汉画像石，河南南阳七孔桥
② 百戏，汉画像石，河南南阳草店
③ 百戏，汉画像石，河南南阳

① 百戏，汉画像石，河南南阳宛城区
② 百戏，汉画像石，河南南阳沙河店

① 百戏，汉画像砖，河南新野樊集
② 百戏，汉画像石，河南唐河
③ 百戏，汉画像石，河南唐河湖阳

①

②

百戏

① 百戏，汉画像石，山东邹城
② 百戏，汉画像石，山东邹城

① 百戏，汉画像石，山东临沂
② 百戏，汉画像石，山东沂水

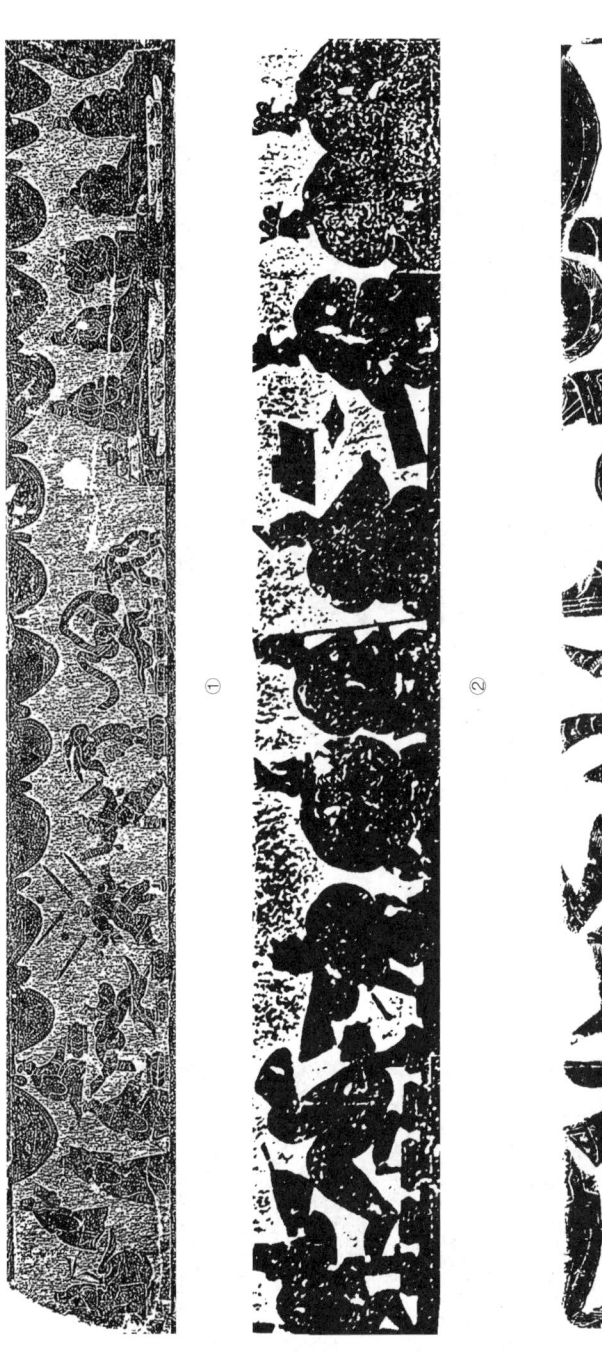

① 百戏，汉画像石，山东嘉祥
② 百戏，汉画像石，山东嘉祥武氏祠
③ 百戏，汉画像石，山东临沂白庄

① 百戏，汉画像石，山东嘉祥宋山
② 百戏，汉画像石，山东济宁喻屯镇
③ 百戏，汉画像石，山东嘉祥

······百戏

①

②

① 百戏，汉画像石，山东莒县
② 百戏，汉画像石，山东沂水

①
② 

① 百戏，汉画像石，山东嘉祥
② 百戏，汉画像石，山东邹城

① 百戏，汉画像石，山东微山
② 百戏，汉画像石，山东济宁喻屯镇

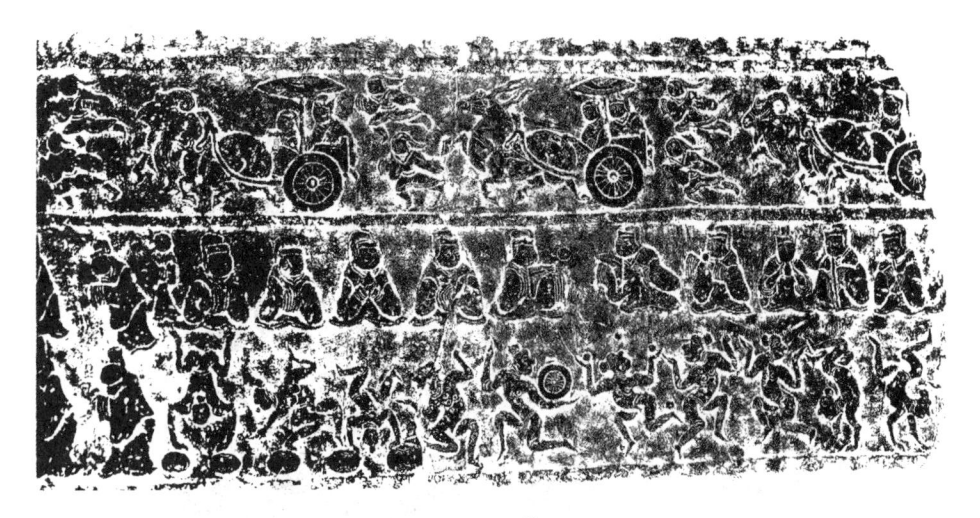

① 百戏，汉画像石，山东济宁喻屯镇
② 百戏，汉画像石，山东济宁喻屯镇

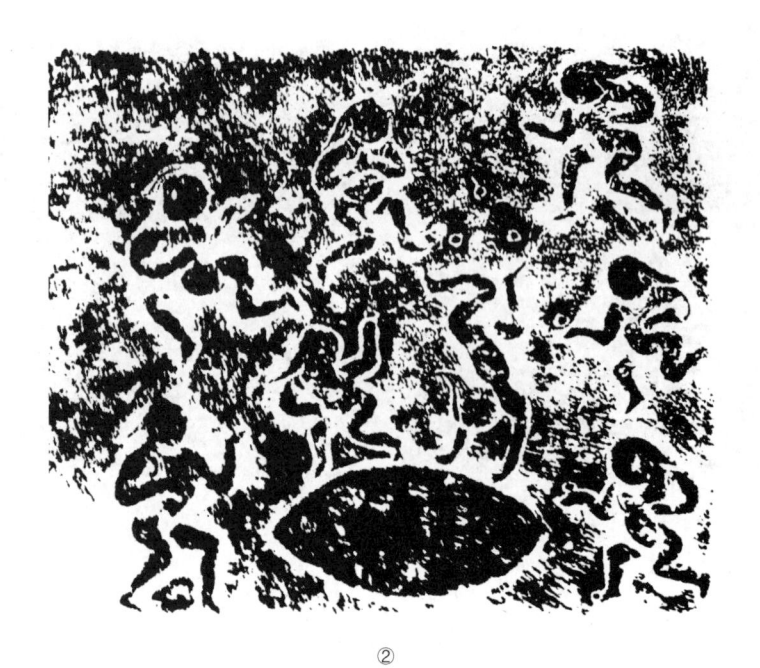

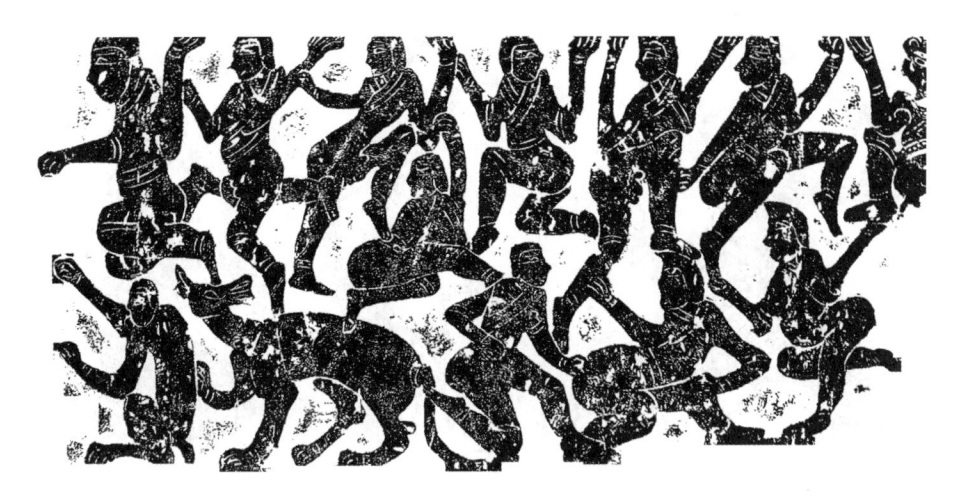

① 百戏，汉画像石，山东平阴
② 百戏，汉画像石，山东平阴

① 百戏，汉画像石，江苏徐州
② 百戏，汉画像石，江苏徐州

① 百戏，汉画像石，陕西绥德
② 百戏，汉画像石，江苏徐州
③ 百戏，汉画像石，江苏徐州

① 百戏，汉画像石，陕西绥德
② 百戏，汉画像石棺，重庆永川
③ 百戏，汉画像石棺，重庆永川

① 百戏，汉画像石，安徽萧县
② 百戏，汉画像石，安徽宿州

① 百戏，汉画像石棺，四川郫县

①

②

① 百戏，汉画像砖，四川大邑
② 百戏，汉画像石棺，四川宜宾

① 百戏，汉画像石棺，四川纳溪
② 百戏，汉画像石棺，四川长宁
③ 百戏，汉画像石棺，四川泸州

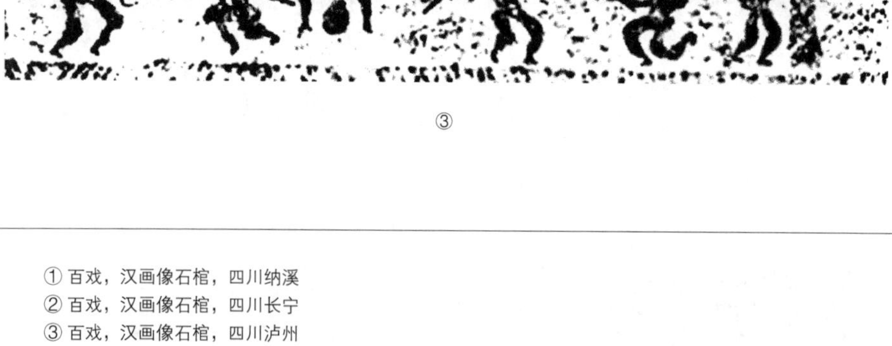

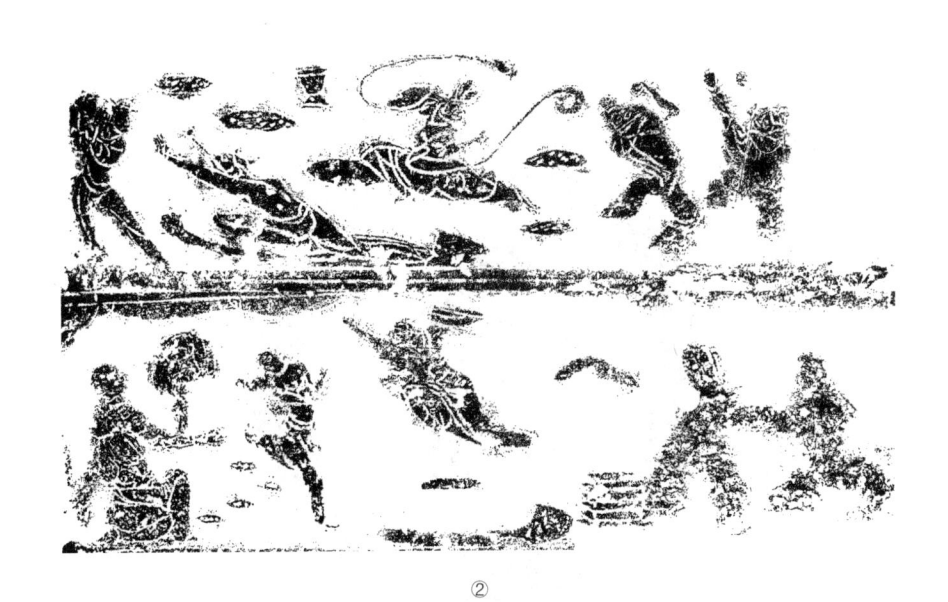

① 百戏，汉画像砖，四川大邑
② 百戏，汉画像石，浙江海宁

① 百戏，汉画像石，江苏徐州
② 百戏·蹴鞠，汉代瓦当，首都博物馆藏

① 百戏·戏蛇，汉画像石，江苏徐州
② 百戏，汉画像石，河南邓州
③ 百戏·象人百戏，汉画像石棺，四川南溪
④ 百戏·百戏宴饮，汉画像石，河南南阳卧龙区

① 百戏·马戏，汉画像石，山东沂南北寨
② 百戏·马戏，汉画像石，山东沂南北寨

①

②

① 百戏·马戏，汉画像石，山东苍山
② 百戏·马戏，汉画像石，山东滕州

① 百戏·弄丸，汉画像石，山东苍山
② 百戏·曼衍角抵，汉画像石棺，四川郫县

① 百戏·走索，汉画像石，山东沂南北寨
② 百戏·跳剑弄丸，汉画像石，山东沂南北寨

① 百戏·顶橦，汉画像石，山东沂南北寨

① 百戏·龙车，汉画像石，山东沂南北寨

百戏

① 百戏·龙戏，汉画像石，山东沂南北寨
② 百戏·雀戏，汉画像石，山东沂南北寨

① 百戏·平索戏车，汉画像砖，河南新野樊集
② 百戏·斜索戏车，汉画像砖，河南新野李湖

① 百戏·鱼戏，汉画像石，山东沂南北寨

① 百戏·冲狭，汉画像石，河南南阳
② 百戏·鸡戏，汉画像石，山东沂南北寨

① 百戏·戏龙人，汉画像石，山东沂南北寨

① 百戏·戏龙人，汉画像石，山东沂南北寨

① 百戏·伎乐，汉画像石，山东临沂
② 百戏·伎乐，汉画像石，山东临沂
③ 百戏·乐队，汉画像石，山东嘉祥宋山

①

②

① 百戏·乐人，汉画像石，江苏徐州
② 百戏·伎乐，汉画像石函，四川新津

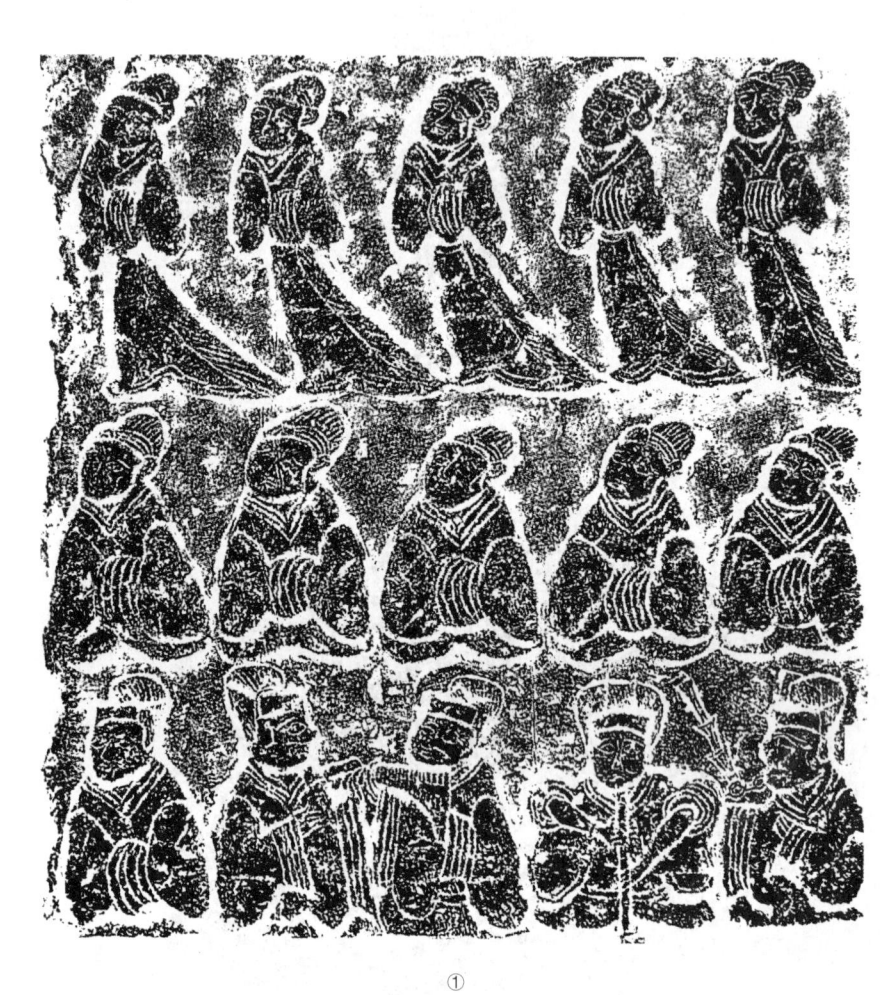

① 百戏·乐舞人物，汉画像石，山东济宁喻屯镇

舞蹈

①

① 舞蹈·长袖舞，汉画像石，河南南阳

① 舞蹈·长袖舞，汉画像石，河南南阳
② 舞蹈，汉画像石，河南南阳

① 舞蹈·长袖舞，汉画像石，河南南阳
② 舞蹈·长袖舞，汉画像石，河南南阳

① 舞蹈，汉画像石，河南南阳
② 舞蹈·长袖舞，汉画像石，河南南阳
③ 舞蹈·长袖舞，汉画像石，河南南阳

① 舞蹈，汉画像石，河南南阳邢营
② 舞蹈，汉画像石，河南唐河
③ 舞蹈，汉画像石，河南南阳阮唐
④ 舞蹈·长袖舞，汉画像砖，河南许昌

① ②

① 舞蹈·长袖舞，汉画像砖，河南新野樊集
② 舞蹈·长袖舞，汉画像砖，河南新野樊集

① 舞蹈，汉画像石，河南南阳麒麟岗
② 舞蹈·长袖舞，汉画像石，河南唐河

① 舞蹈·长袖舞，汉画像砖，河南郑州
② 舞蹈·长袖舞，汉画像砖，河南郑州

① 舞蹈·长袖舞,汉画像砖,河南新野
② 舞蹈·长袖舞,汉画像砖,河南郑州

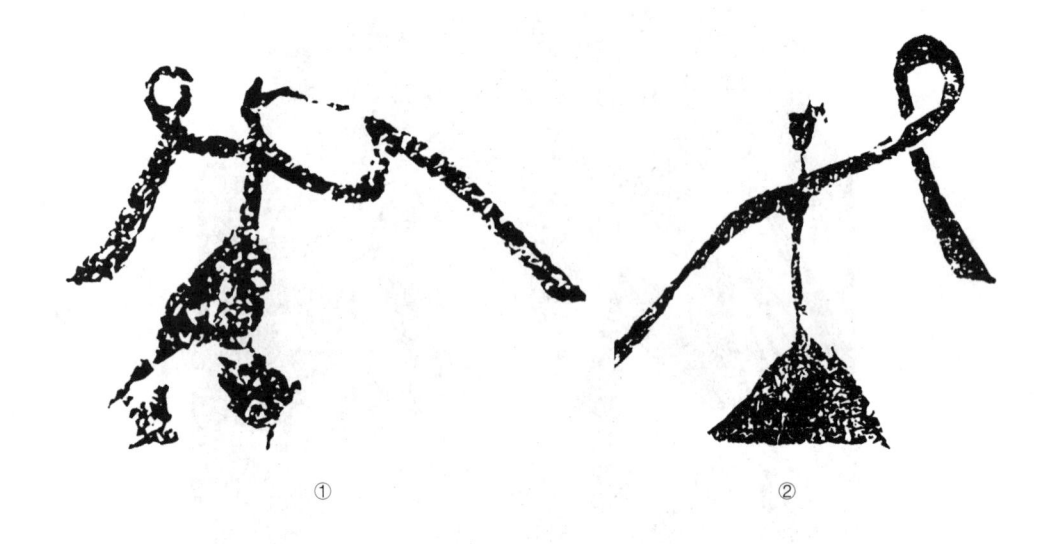

① 舞蹈・长袖舞，汉画像砖，河南唐河
② 舞蹈・长袖舞，汉画像砖，河南新野
③ 舞蹈・长袖舞，汉画像石，山东临沂
④ 舞蹈・长袖舞，汉画像石，山东滕州

① 舞蹈・长袖舞，汉画像石，山东临沂
② 舞蹈・长袖舞，汉画像石，山东临沂
③ 舞蹈・长袖舞，汉画像石，山东滕州桑树镇
④ 舞蹈・长袖舞，汉画像石，山东滕州

①

②

① 舞蹈·长袖舞，汉画像石，山东滕州
② 舞蹈·长袖舞，汉画像石，山东临沂

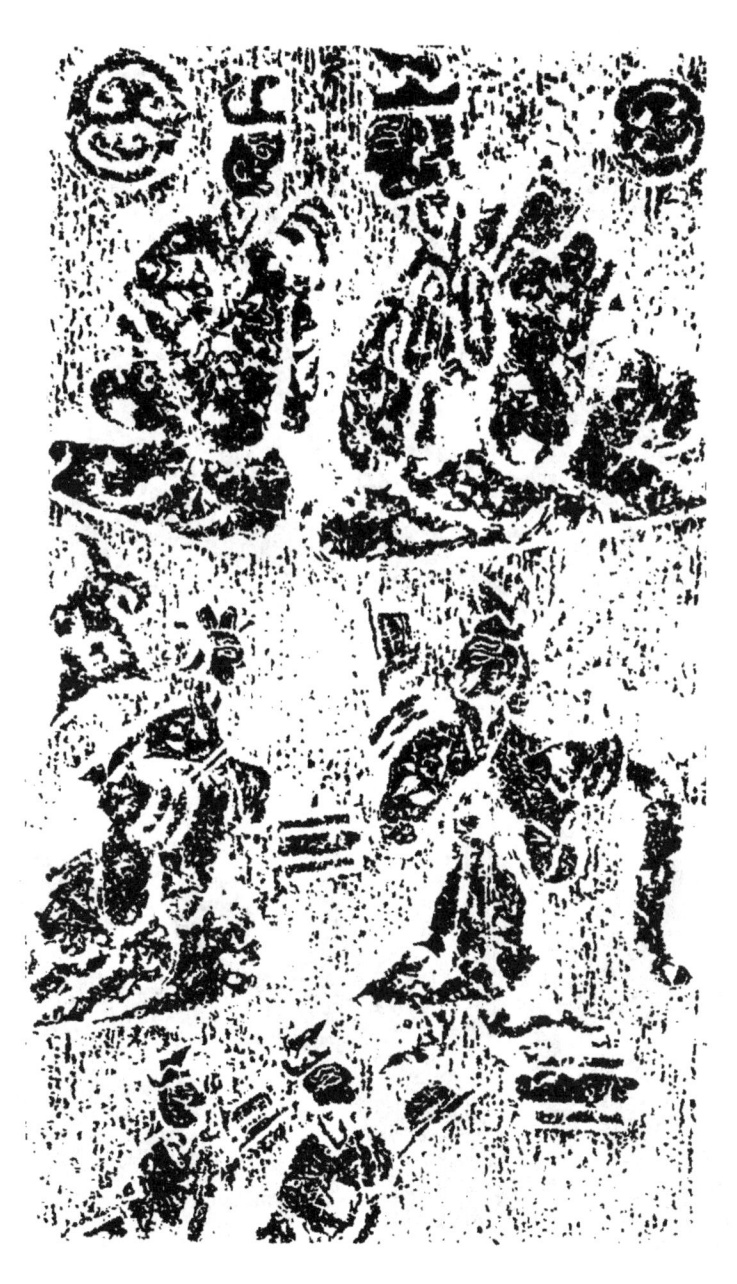

① 舞蹈·长袖舞，汉画像石，山东历城

① 舞蹈·长袖舞，汉画像石，山东邹城
② 舞蹈·长袖舞，汉画像石，山东邹城

① 舞蹈·长袖舞，汉画像石，山东邹城
② 舞蹈·长袖舞，汉画像石，山东苍山

① 舞蹈·长袖舞，汉画像石，山东曲阜
② 舞蹈·长袖舞，新莽壁画，山东东平

① 舞蹈·长袖舞，汉画像石，江苏沛县
② 舞蹈·长袖舞，汉画像石，江苏沛县

① 舞蹈·长袖舞，汉画像石，江苏徐州
② 舞蹈·长袖舞，汉画像石，江苏徐州
③ 舞蹈·长袖舞，汉画像石，江苏徐州

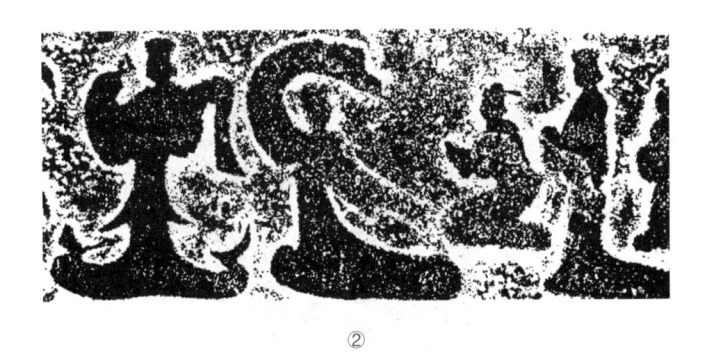

① 舞蹈·长袖舞，汉画像石，陕西榆林
② 舞蹈·长袖舞，汉画像石，陕西绥德
③ 舞蹈·长袖舞，汉画像石，陕西绥德
④ 舞蹈·长袖舞，汉画像石，陕西绥德

① 舞蹈·长袖舞，汉画像石，陕西绥德
② 舞蹈·长袖舞，汉画像石，陕西靖边
③ 舞蹈·长袖舞，汉画像石，陕西绥德

① 舞蹈·长袖舞，汉画像石，陕西子洲
② 舞蹈·长袖舞，汉画像石，陕西榆林
③ 舞蹈·长袖舞，汉画像石，陕西榆林

① 舞蹈·长袖舞，汉画像石，陕西榆林
② 舞蹈·长袖舞，汉画像石，陕西榆林

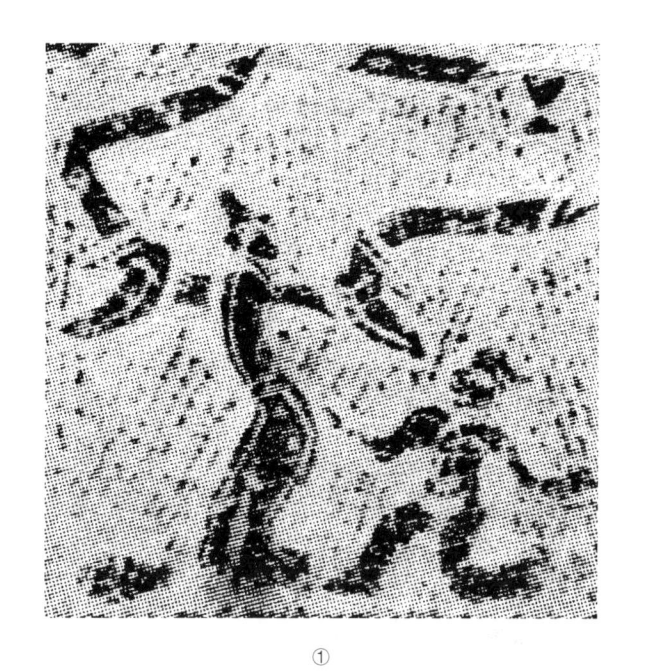

① 舞蹈·长袖舞，汉画像石棺，四川长宁
② 舞蹈·长袖舞，汉画像石棺，四川郫县

① 舞蹈·长袖舞，汉画像砖，四川彭州
② 舞蹈·长袖舞，汉代崖墓，四川内江

① 舞蹈・双人长袖舞，汉画像石，山东济宁
② 舞蹈・双人长袖舞，汉画像石，山东济宁
③ 舞蹈，汉画像石，河南方城

① 舞蹈，汉画像石，河南南阳
② 舞蹈，汉画像石，河南方城

① 舞蹈，汉画像砖，河南新野樊集
② 舞蹈，汉画像石，河南南阳

① 舞蹈，汉画像石，山东临沂白庄
② 舞蹈，汉画像石，山东临沂白庄
③ 舞蹈，汉画像石，山东微山

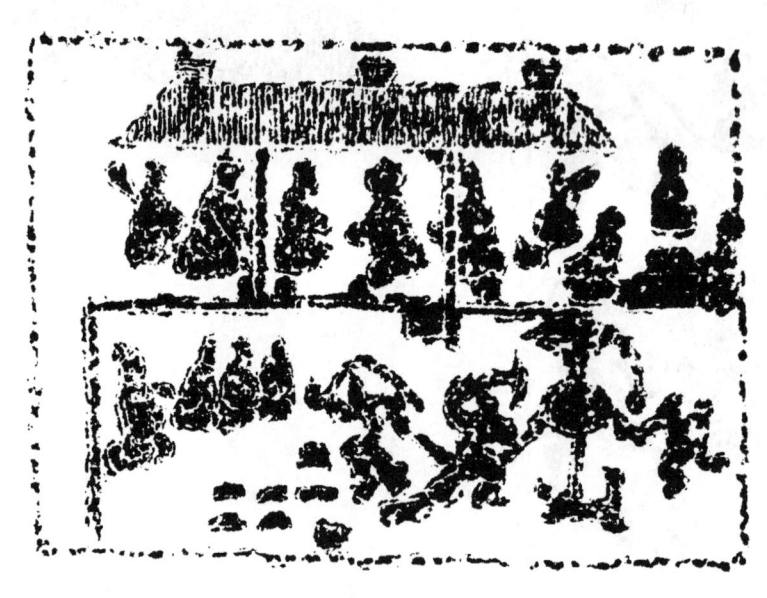

① 舞蹈，汉画像石，山东微山
② 舞蹈，汉画像石，山东平阴
③ 舞蹈，汉画像石，山东平阴

① 舞蹈，汉画像石，山东平阴
② 舞蹈，汉画像石，山东泰安大汶口
③ 舞蹈，汉画像石，山东邹城

① 舞蹈，汉画像石，安徽定远
② 舞蹈，汉画像石，安徽定远

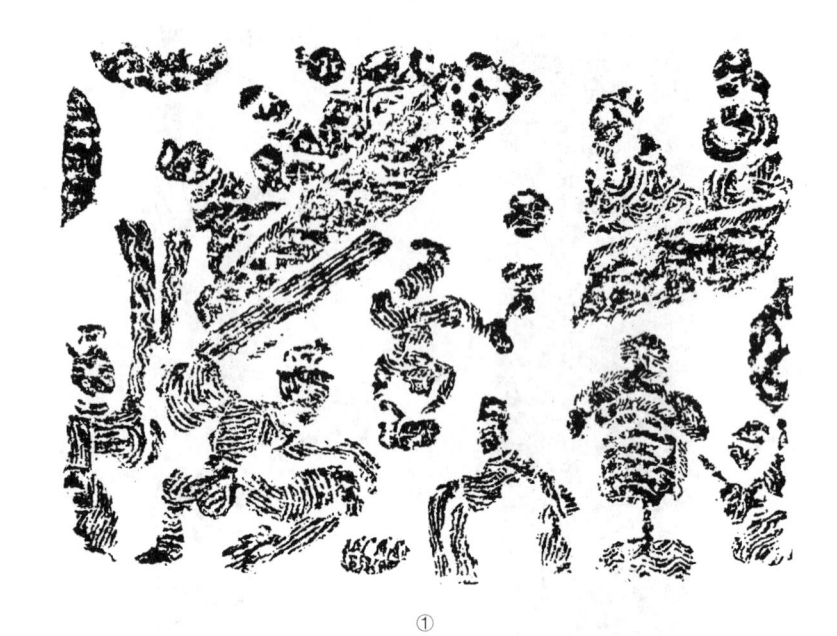

① 舞蹈，汉画像石，安徽萧县
② 舞蹈，汉画像石，陕西子洲
③ 舞蹈，汉画像石，陕西子洲

① 舞蹈，汉画像石，陕西绥德
② 舞蹈，汉画像石，陕西绥德
③ 舞蹈，汉画像石，陕西绥德

① 舞蹈，汉画像石，陕西绥德
② 舞蹈，汉画像石，陕西靖边
③ 舞蹈，汉画像石，陕西绥德

① 舞蹈，汉画像石，陕西绥德
② 舞蹈，汉画像石，陕西神木

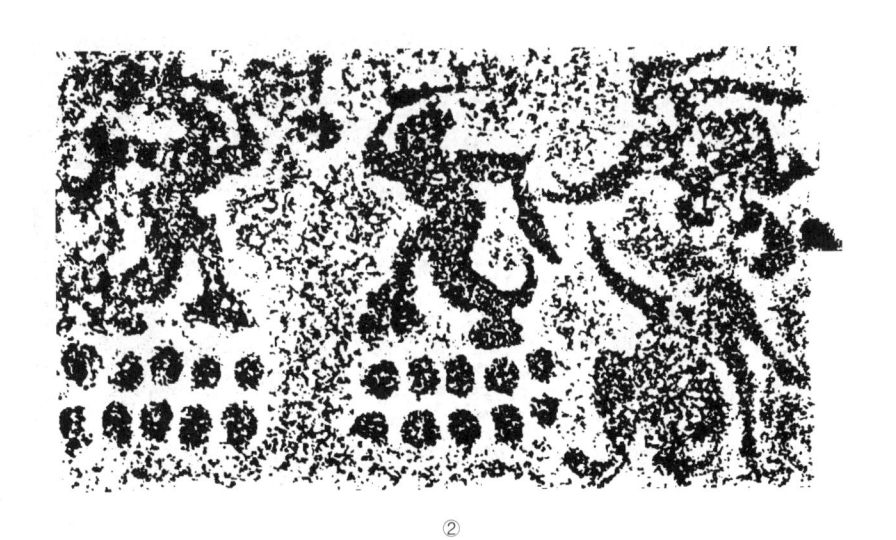

① 舞蹈，汉画像石，陕西米脂官庄
② 舞蹈，汉画像石，陕西米脂官庄

① 舞蹈，汉画像石棺，重庆璧山
② 舞蹈，汉画像石棺，重庆璧山
③ 舞蹈，汉画像石棺，重庆璧山

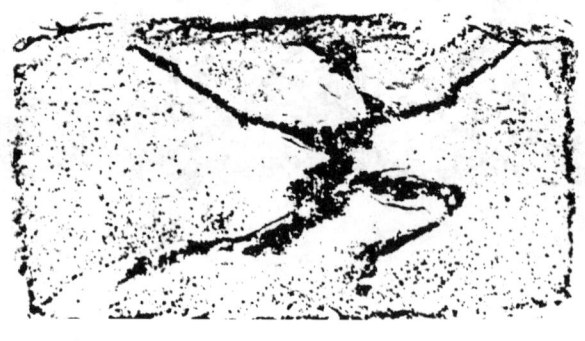

① 舞蹈，汉画像砖，四川成都
② 舞蹈，汉画像砖，四川金堂
③ 舞蹈，汉画像砖，四川金堂

① 舞蹈，汉画像石棺，四川新津
② 舞蹈，汉代崖墓，四川江津

① 舞蹈·象人舞，汉画像石，河南南阳
② 舞蹈·双人舞，汉画像石棺，四川泸州

① 舞蹈·双人舞，汉画像砖，四川大邑
② 舞蹈·双人舞，汉代崖墓，四川江津

① 舞蹈·乐舞，汉画像砖，河南许昌
② 舞蹈·乐舞，汉画像砖，河南郑州
③ 舞蹈·乐舞，汉画像砖，四川梓潼

① 舞蹈·乐舞，汉画像砖，四川成都
② 舞蹈·乐舞，汉画像石，安徽淮北

① 舞蹈·乐舞，汉画像石，安徽萧县
② 舞蹈·乐舞，汉画像石，安徽萧县

① 舞蹈・乐舞，汉画像石，安徽萧县
② 舞蹈・乐舞，汉画像石，山东莒县

① 舞蹈·盘鼓舞，汉画像石，山东历城
② 舞蹈·乐舞，汉画像石，山东莒县

① 舞蹈·乐舞，汉画像石，山东微山
② 舞蹈·乐舞，汉画像石，江苏徐州

① 舞蹈·乐舞，汉画像石，江苏徐州
② 舞蹈·乐舞，汉画像石，江苏徐州白集
③ 舞蹈·乐舞，汉画像石，江苏徐州

① 舞蹈·群舞，汉画像石，山东平阴
② 舞蹈·群舞，汉画像石，山东平阴
③ 舞蹈·群舞，汉画像石，山东平阴

① 舞蹈·盘鼓舞，汉画像石，山东沂南北寨

① 舞蹈·驼上乐舞，汉画像砖，四川新都
② 舞蹈·驼上乐舞，汉画像砖，四川新都

① 舞蹈·建鼓舞，汉画像石，河南南阳宛城区
② 舞蹈·建鼓舞，汉画像石，河南南阳
③ 舞蹈·建鼓舞，汉画像石，河南南阳瓦店
④ 舞蹈·建鼓舞，汉画像石，河南邓州

① 舞蹈·建鼓舞，汉画像石，河南南阳英庄
② 舞蹈·建鼓舞，汉画像石，河南南阳
③ 舞蹈·建鼓舞，汉画像石，河南南阳

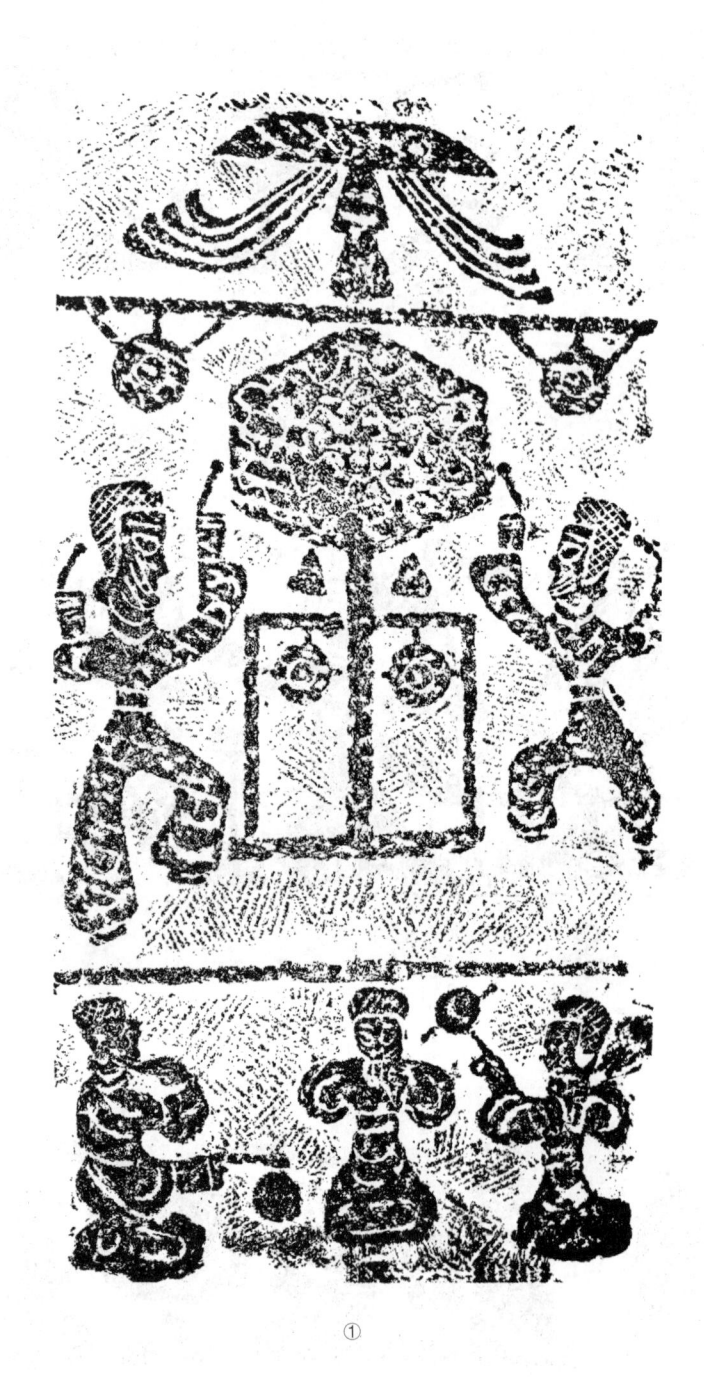

① 舞蹈·建鼓舞，汉画像石，河南方城东关

① 舞蹈·建鼓舞，汉画像石，河南方城
② 舞蹈·建鼓舞，汉画像石，河南唐河

① 舞蹈·建鼓舞，汉画像砖，河南新野张楼
② 舞蹈·建鼓舞，汉画像砖，河南郑州
③ 舞蹈·建鼓舞，汉画像砖，河南郑州

① 舞蹈·建鼓舞，汉画像砖，河南郑州
② 舞蹈·建鼓舞，汉画像砖，河南郑州

① 舞蹈·建鼓舞，汉画像砖，河南郑州
② 舞蹈·建鼓舞，汉画像砖，河南郑州
③ 舞蹈·建鼓舞，汉画像砖，河南许昌
④ 舞蹈·建鼓舞，汉画像砖，河南许昌

①

②

① 舞蹈·建鼓舞，汉画像石，安徽淮北
② 舞蹈·建鼓舞，汉画像石，安徽淮北

① 舞蹈·建鼓舞，汉画像石，安徽淮北
② 舞蹈·建鼓舞，汉画像石，安徽淮北

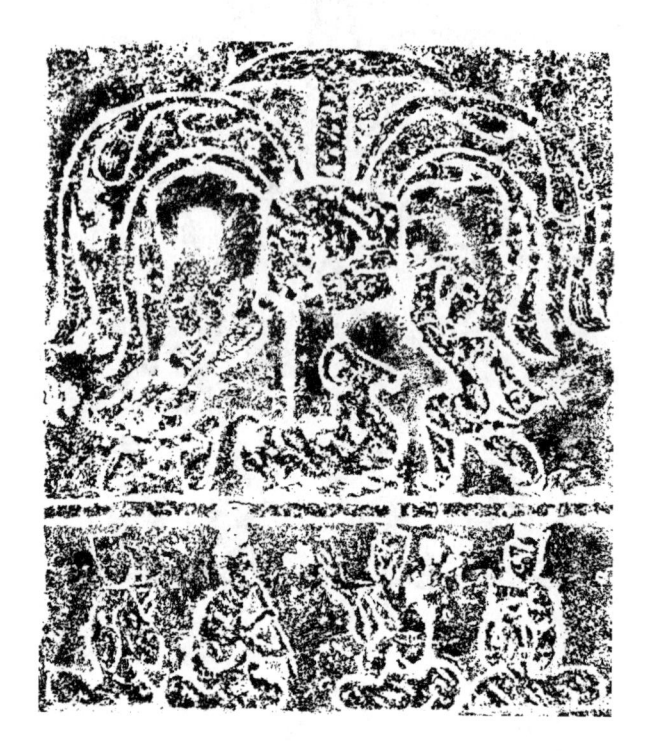

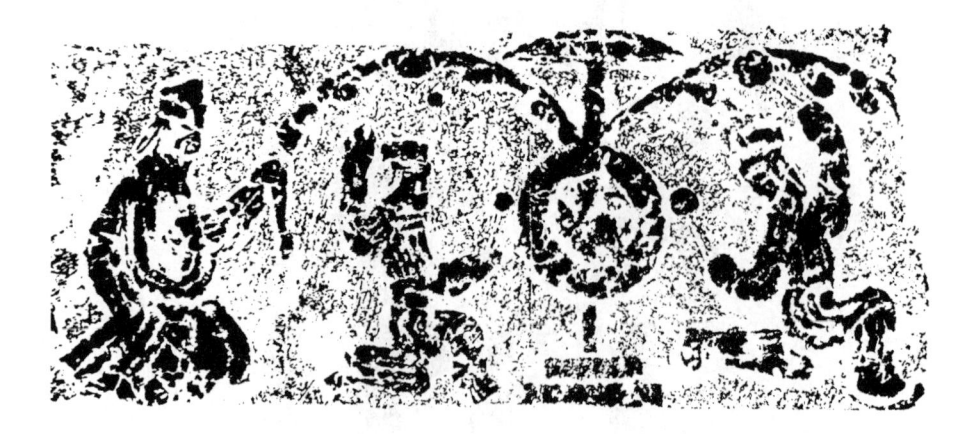

① 舞蹈·建鼓舞，汉画像石，安徽灵璧
② 舞蹈·建鼓舞，汉画像石，安徽宿州褚兰镇
③ 舞蹈·建鼓舞，汉画像石，安徽宿州褚兰镇

① 舞蹈·建鼓舞，汉画像石，安徽萧县
② 舞蹈·建鼓舞，汉画像石，安徽淮北

① 舞蹈·建鼓舞，汉画像石，江苏睢宁
② 舞蹈·建鼓舞，汉画像石，江苏徐州
③ 舞蹈·建鼓舞，汉画像石，江苏徐州

① 舞蹈·建鼓舞，汉画像石，江苏徐州
② 舞蹈·建鼓舞，汉画像石，江苏徐州

① 舞蹈·建鼓舞，汉画像石，江苏铜山

舞蹈

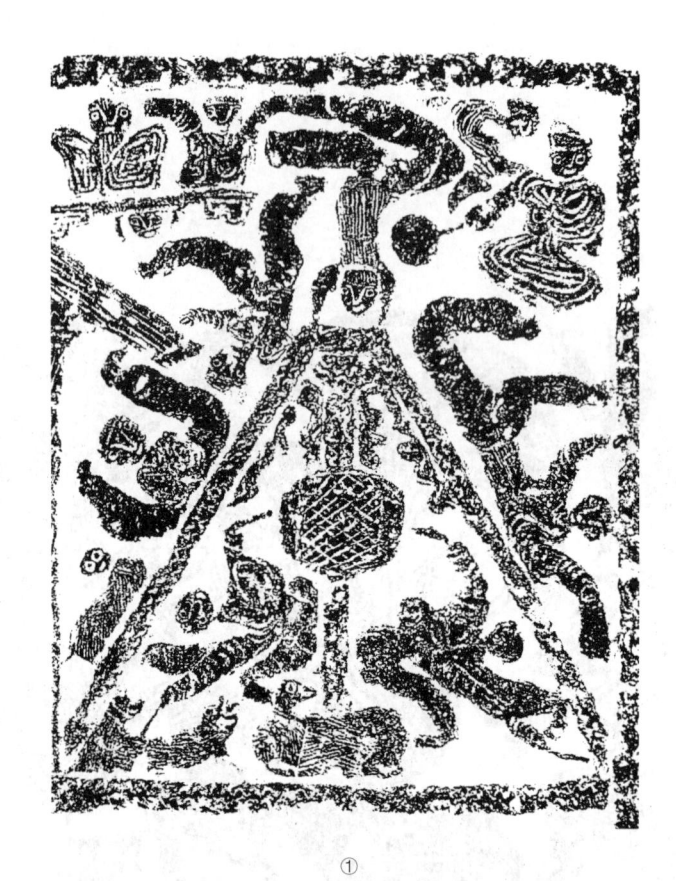

① 舞蹈·建鼓舞，汉画像石，江苏邳州
② 舞蹈·建鼓舞，汉画像石，江苏徐州

① 舞蹈·建鼓舞，汉画像石，江苏睢宁
② 舞蹈·建鼓舞，汉画像石，江苏徐州

① 舞蹈·建鼓舞，汉画像石，江苏睢宁
② 舞蹈·建鼓舞，汉画像石，江苏徐州

① 舞蹈·建鼓舞，汉画像石，江苏徐州
② 舞蹈·建鼓舞，汉画像石，江苏徐州

① 舞蹈·建鼓舞，汉画像石，山东济宁

① 舞蹈·建鼓舞，汉画像石，山东嘉祥
② 舞蹈·建鼓舞，汉画像石，山东嘉祥

① 舞蹈·建鼓舞，汉画像石，山东微山
② 舞蹈·建鼓舞，汉画像石，山东微山
③ 舞蹈·建鼓舞，汉画像石，山东微山

① 舞蹈·建鼓舞，汉画像石，山东济宁
② 舞蹈·建鼓舞，汉画像石，山东微山

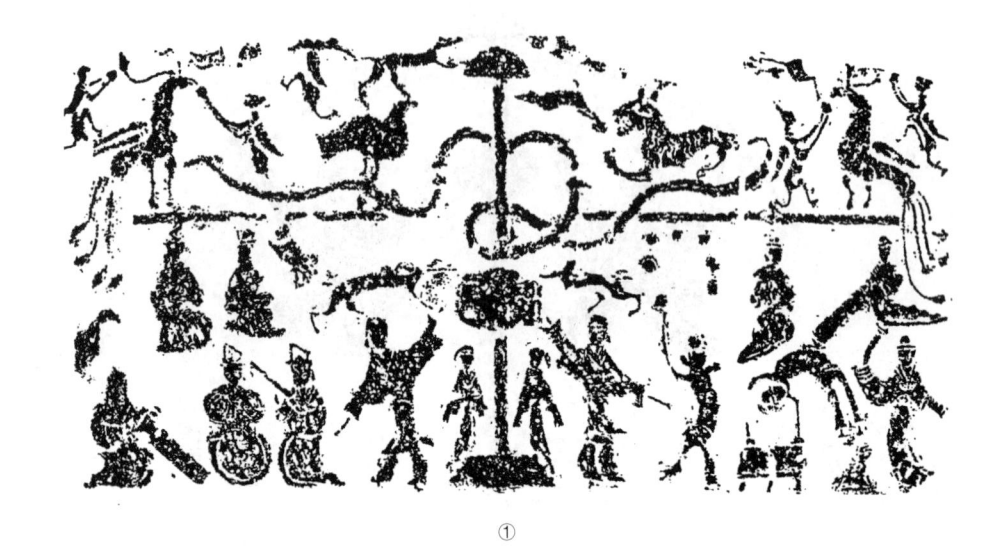

① 舞蹈·建鼓舞，汉画像石，山东微山
② 舞蹈·建鼓舞，汉画像石，山东微山

① 舞蹈·建鼓舞，汉画像石，山东微山
② 舞蹈·建鼓舞，汉画像石，山东微山

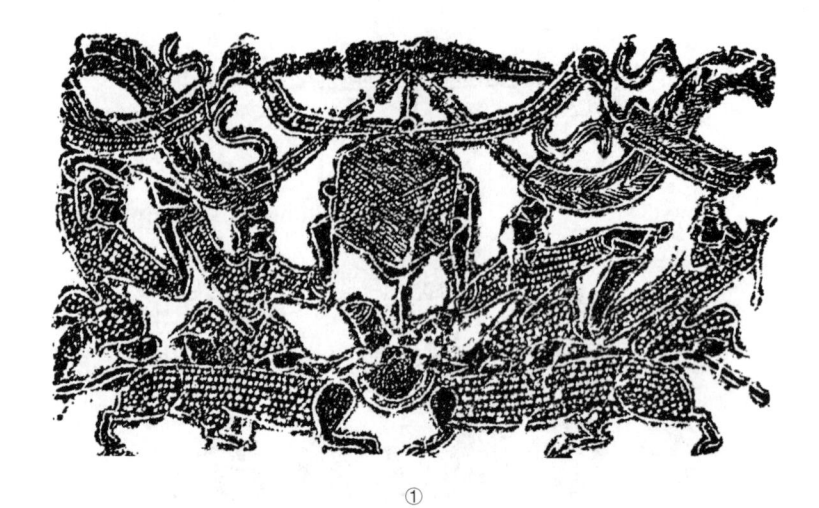

① 舞蹈·建鼓舞，汉画像石，山东邹城
② 舞蹈·建鼓舞，汉画像石，山东邹城
③ 舞蹈·建鼓舞，汉画像石，山东邹城

① 舞蹈·建鼓舞，汉画像石，山东邹城
② 舞蹈·建鼓舞，汉画像石，山东邹城

① 舞蹈·建鼓舞，汉画像石，山东邹城
② 舞蹈·建鼓舞，汉画像石，山东邹城
③ 舞蹈·建鼓舞，汉画像石，山东邹城

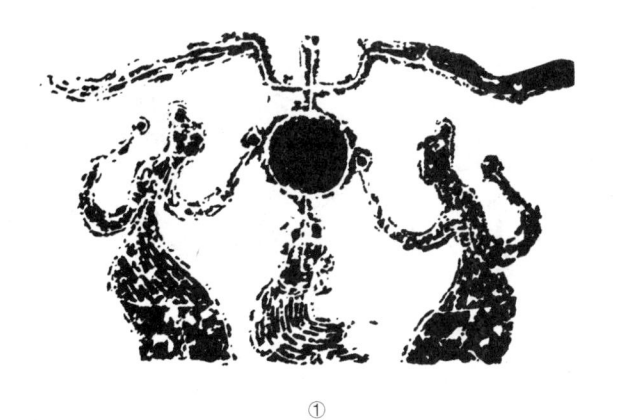

① 舞蹈·建鼓舞，汉画像石，山东邹城
② 舞蹈·建鼓舞，汉画像石，山东滕州
③ 舞蹈·建鼓舞，汉画像石，山东滕州

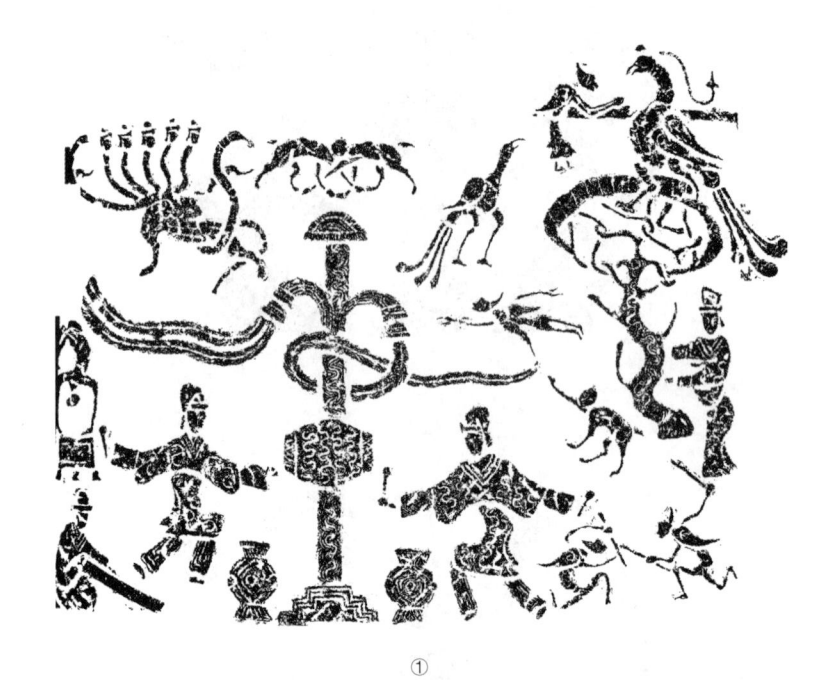

① 舞蹈·建鼓舞，汉画像石，山东滕州岗头镇
② 舞蹈·建鼓舞，汉画像石，山东滕州官桥镇

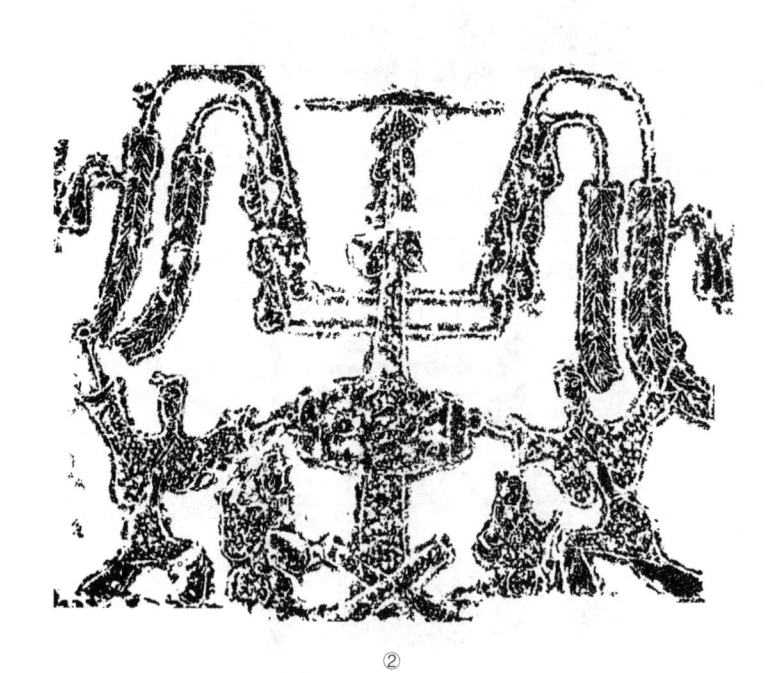

① 舞蹈·建鼓舞，汉画像石，山东费县
② 舞蹈·建鼓舞，汉画像石，山东历城

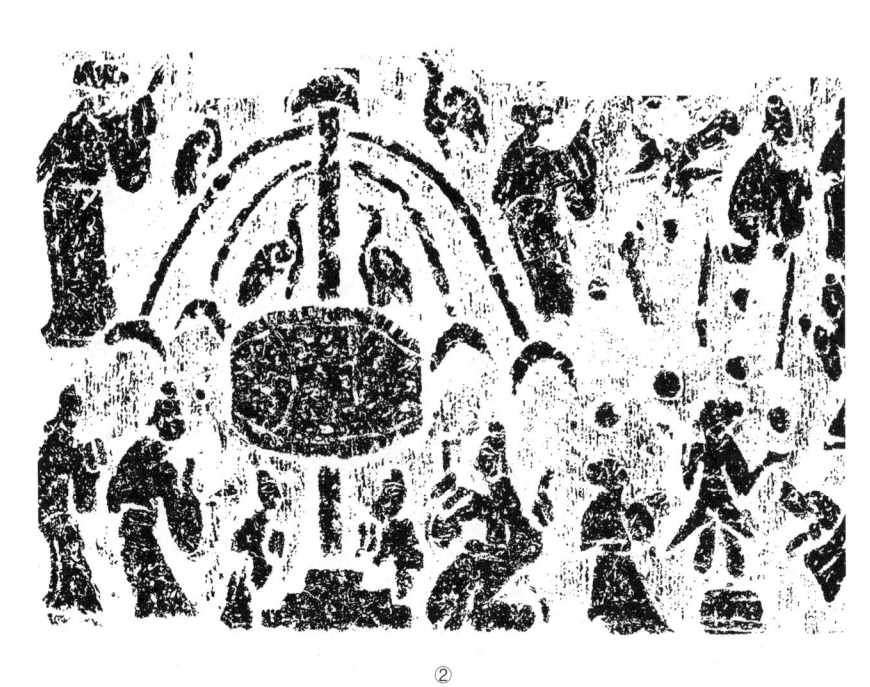

① 舞蹈·建鼓舞，汉画像石，山东济南
② 舞蹈·建鼓舞，汉画像石，山东兖州

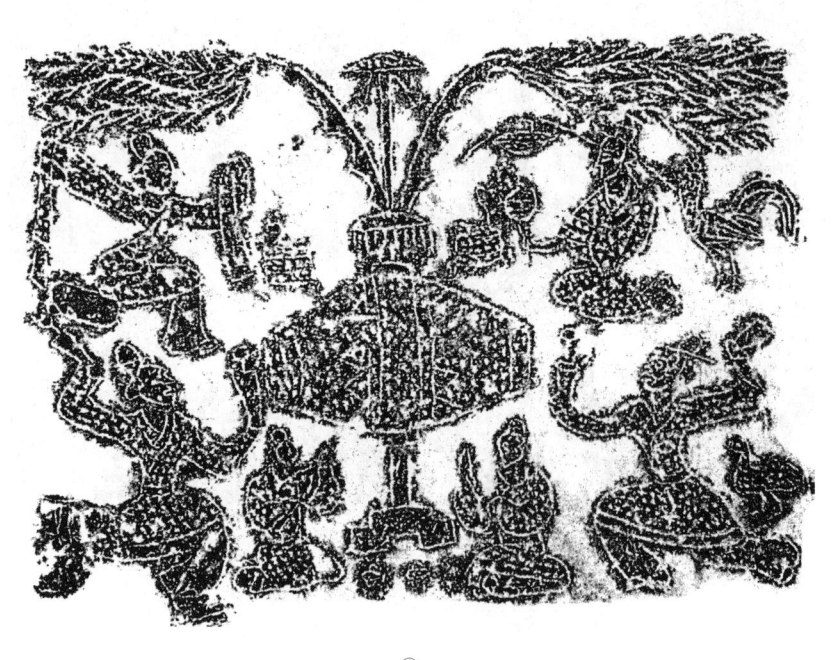

① 舞蹈·建鼓舞，汉画像砖，山东金乡
② 舞蹈·建鼓舞，汉画像石，山东曲阜
③ 舞蹈·建鼓舞，汉画像石，山东滕州桑树镇

① 舞蹈·建鼓舞，汉画像石，山东沂南北寨

① 舞蹈·建鼓舞，汉画像石，山东枣庄
② 舞蹈·建鼓舞，汉画像石，山东滕州桑树镇

① 舞蹈·建鼓舞，汉画像石，山东济宁
② 舞蹈·建鼓舞，汉画像砖，湖北枝江

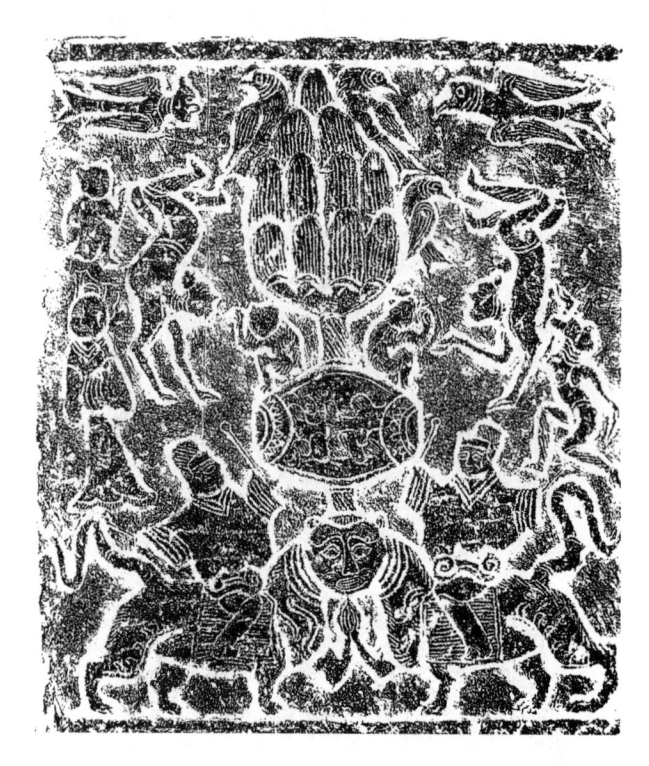

① 舞蹈·建鼓舞，汉画像砖，陕西平利
② 舞蹈·车上建鼓舞，汉画像石，山东长清孝堂山

① 舞蹈·驼上建鼓舞，汉画像砖，四川新都
② 舞蹈·车载建鼓舞，汉画像石，河南唐河

① 舞蹈·马上建鼓舞，汉画像石，河南南阳
② 舞蹈·马上建鼓舞，汉画像石，河南南阳

① 舞蹈，汉代铜镜，湖南长沙
② 舞蹈，汉代铜镜，湖南长沙
③ 舞蹈，汉代铜镜，湖南长沙

驯兽

① 驯兽·驯象,汉画像石,河南南阳

① 驯兽，汉画像石，河南南阳
② 驯兽，汉画像石，河南方城
③ 驯兽，汉画像石，山东苍山

奏乐

①

① 奏乐，汉画像石，山东沂南北寨

① 奏乐，汉画像石，山东沂南北寨
② 奏乐，汉画像石，山东沂南北寨

① 奏乐，汉画像石，山东临沂白庄
② 奏乐，汉画像石，山东嘉祥
③ 奏乐，汉画像石，山东临沂白庄

① 奏乐，汉画像石，山东沂南北寨

① 奏乐，汉画像石，山东诸城
② 奏乐，汉画像石，山东安丘

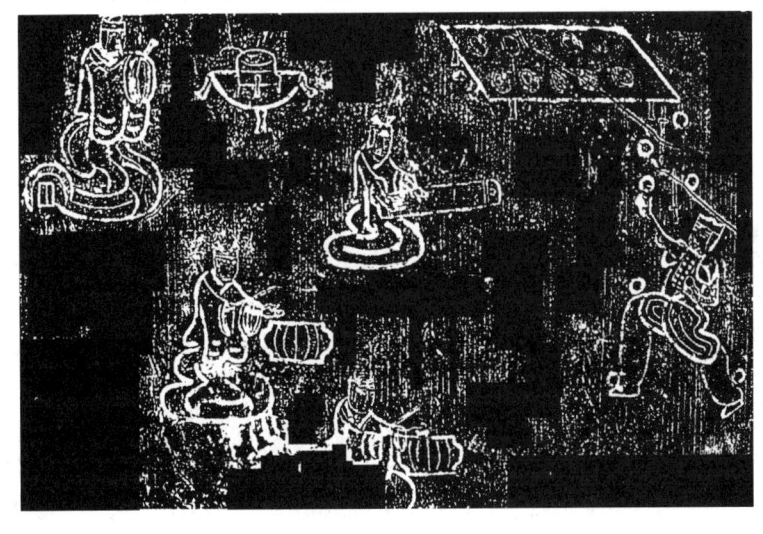

①奏乐,汉画像石,山东枣庄
②奏乐,汉画像石,山东邹城
③奏乐,汉画像石,山东微山

① 奏乐，汉画像砖，河南郑州
② 奏乐，汉画像砖，河南郑州
③ 奏乐，汉画像石，河南方城东关
④ 奏乐，汉画像石，河南唐河

① 奏乐，汉画像石，河南南阳
② 奏乐，汉画像砖，河南新野后岗

① 奏乐，汉画像砖，河南郑州
② 奏乐，汉画像砖，河南郑州
③ 奏乐，汉画像砖，河南郑州

① 奏乐，汉画像石，江苏徐州
② 奏乐，汉画像石，江苏徐州
③ 奏乐，汉画像石，江苏徐州

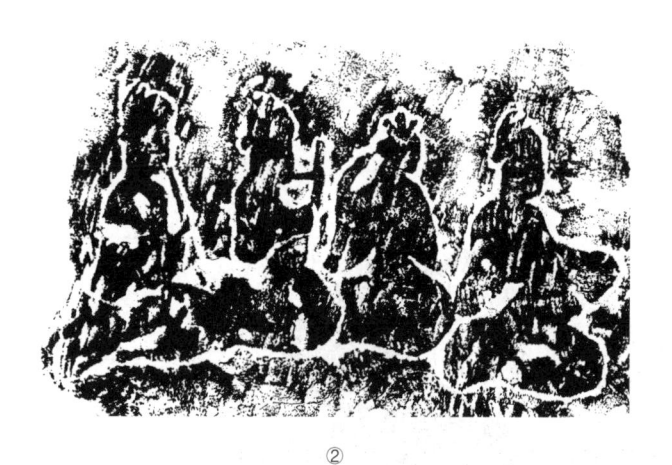

① 奏乐，汉代崖墓，四川乐山
② 奏乐，汉代崖墓，四川内江
③ 奏乐，汉画像石，安徽宿州

① 奏乐·击鼓，汉画像石，山东临沂白庄
② 奏乐·击鼓，汉画像石，山东嘉祥

① 奏乐·击鼓，汉画像石，山东沂南北寨

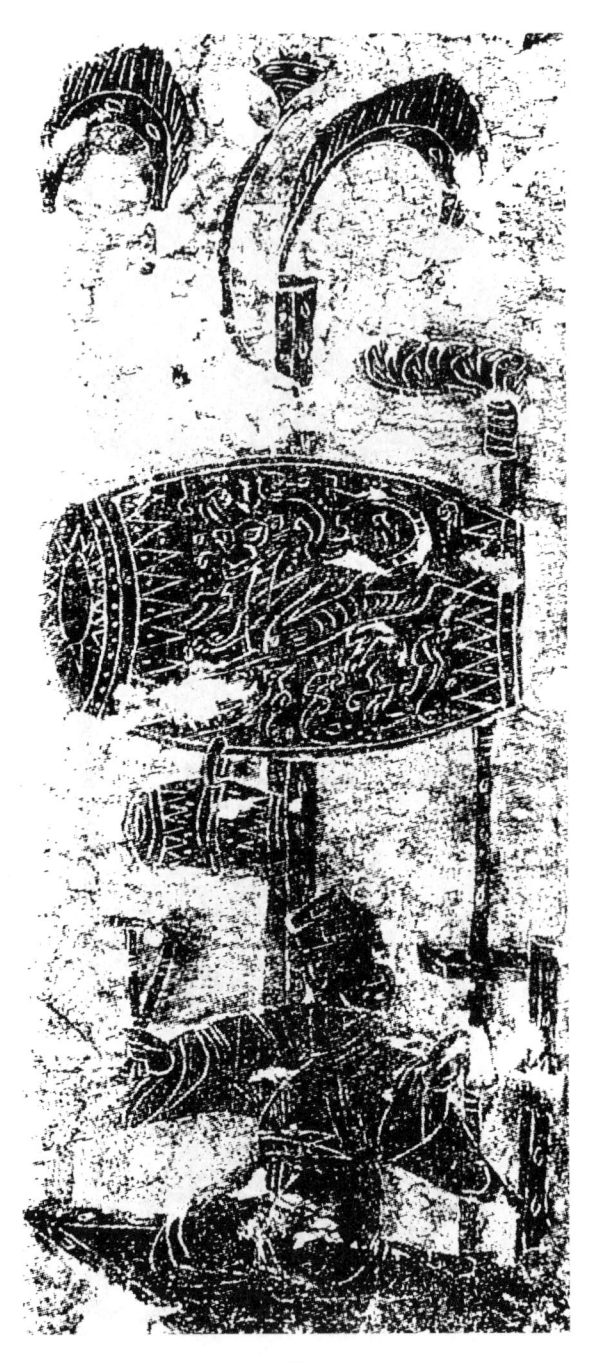

① 奏乐·击鼓，汉画像石，山东沂南北寨

① 奏乐·击鼓，汉画像石，陕西绥德
② 奏乐·击鼓，汉画像石，陕西绥德
③ 奏乐·击鼓，汉画像砖，贵州金沙

① 奏乐·击磬，汉画像石，山东沂南北寨
② 奏乐·撞钟，汉画像石，山东沂南北寨

① 奏乐·吹箫，汉画像石，山东济宁
② 奏乐·吹奏，汉画像石，四川中江
③ 奏乐·吹奏，汉画像石，重庆璧山

① 奏乐·操琴，汉画像石，陕西子洲
② 奏乐·操琴，汉画像石，山东临沂白庄

① 奏乐·抚琴，汉画像石，安徽宿州
② 奏乐·建鼓舞抚琴，汉画像砖，四川梓潼
③ 奏乐·操琴，汉代铜镜，湖南长沙

武士

① 武士·执戟，汉画像石，安徽萧县

①
②
③

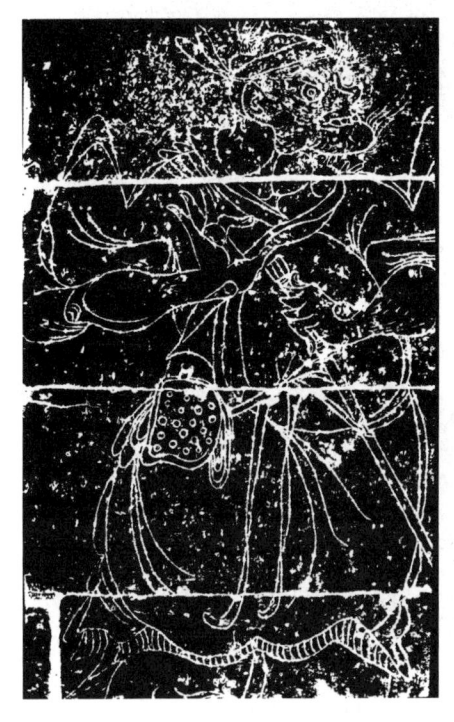

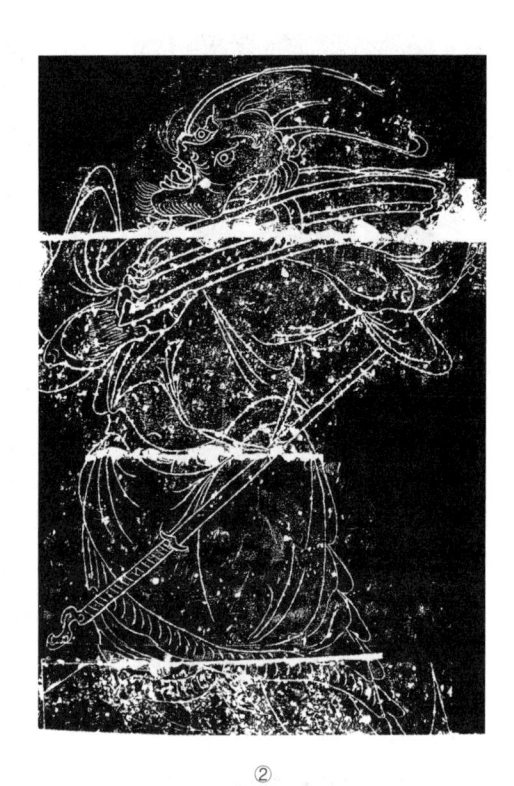

① 武士・执剑，汉画像石，安徽亳州曹腾墓
② 武士・执盾，汉画像石，安徽亳州曹腾墓
③ 武士・扛戟，汉画像石，安徽淮北

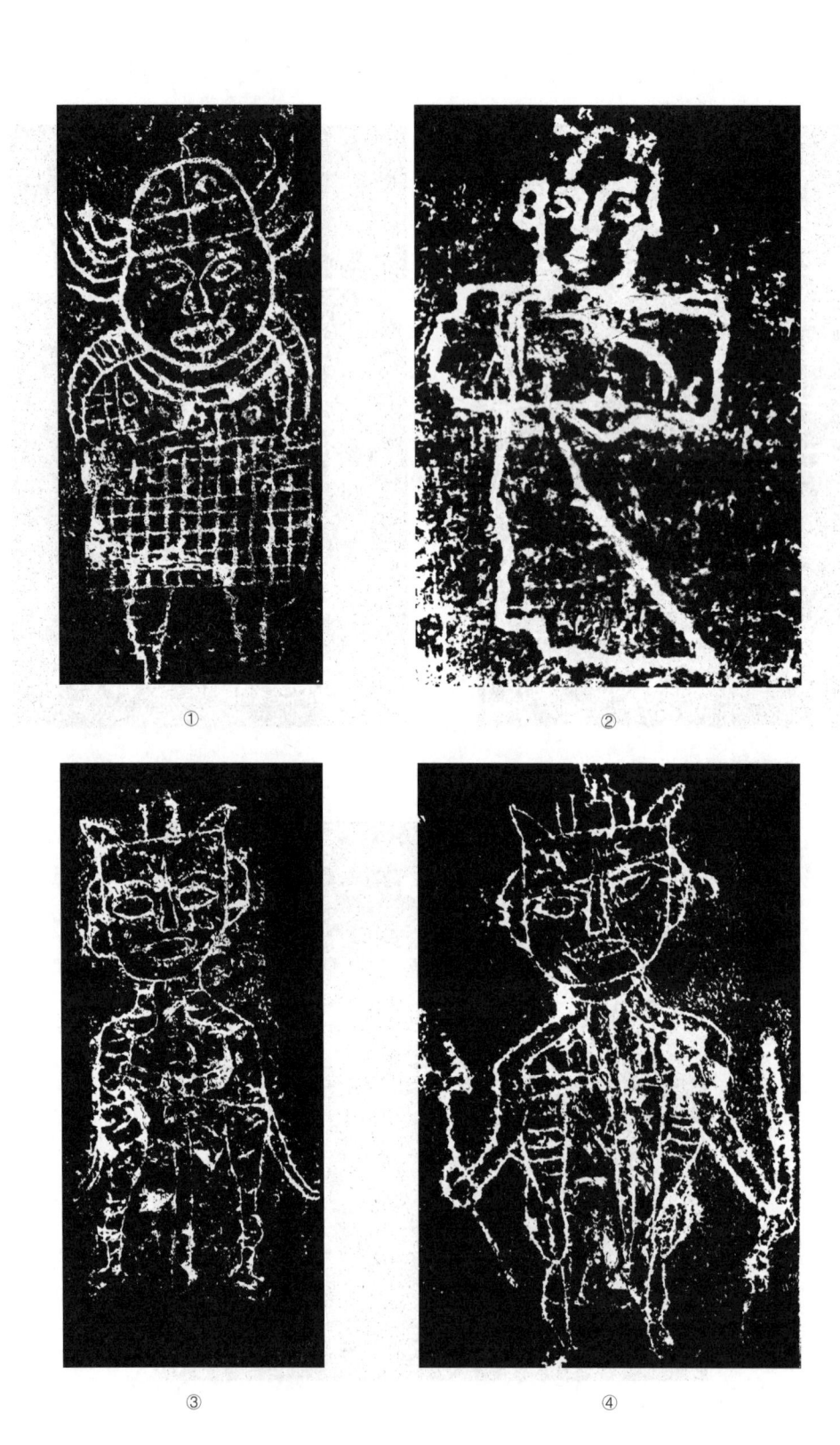

① 武士·着甲，汉画像石，安徽淮北
② 武士·执盾，汉画像石，安徽淮北
③ 武士·执剑，汉画像石，安徽淮北
④ 武士·执刀，汉画像石，安徽淮北

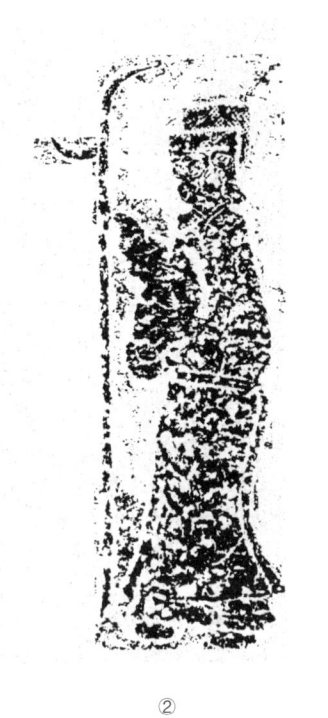

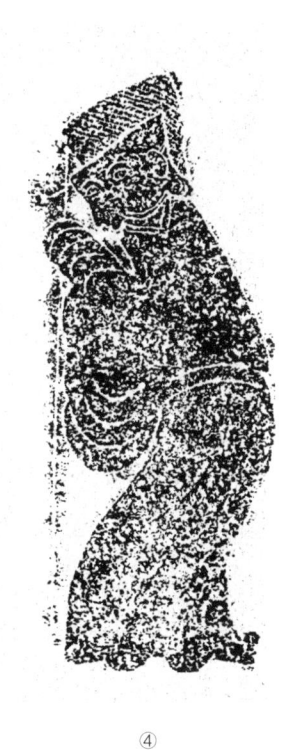

① 武士·执戟，汉画像石，安徽淮北
② 武士·执戟，汉画像石，安徽淮北
③ 武士·执盾，汉画像石，安徽淮北
④ 武士·执戟，汉画像石，安徽淮北

① 武士·执剑，汉画像石，安徽淮北
② 武士·执戟，汉画像石，安徽淮北
③ 武士·执剑，汉画像石，安徽淮北
④ 武士·执戟，汉画像石，安徽淮北

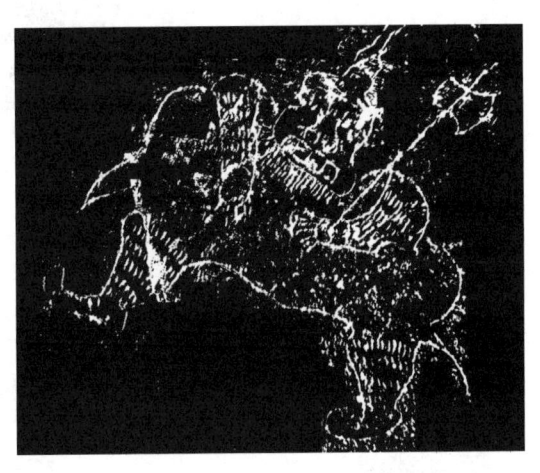

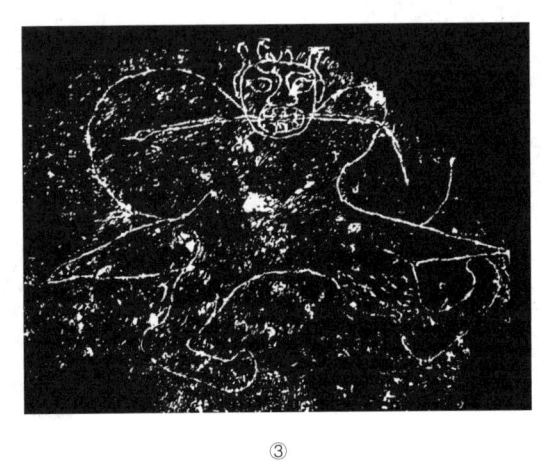

① 武士·执斧，汉画像石，安徽淮北
② 武士·执钺，汉画像石，安徽淮北
③ 武士·叼箭，汉画像石，安徽淮北

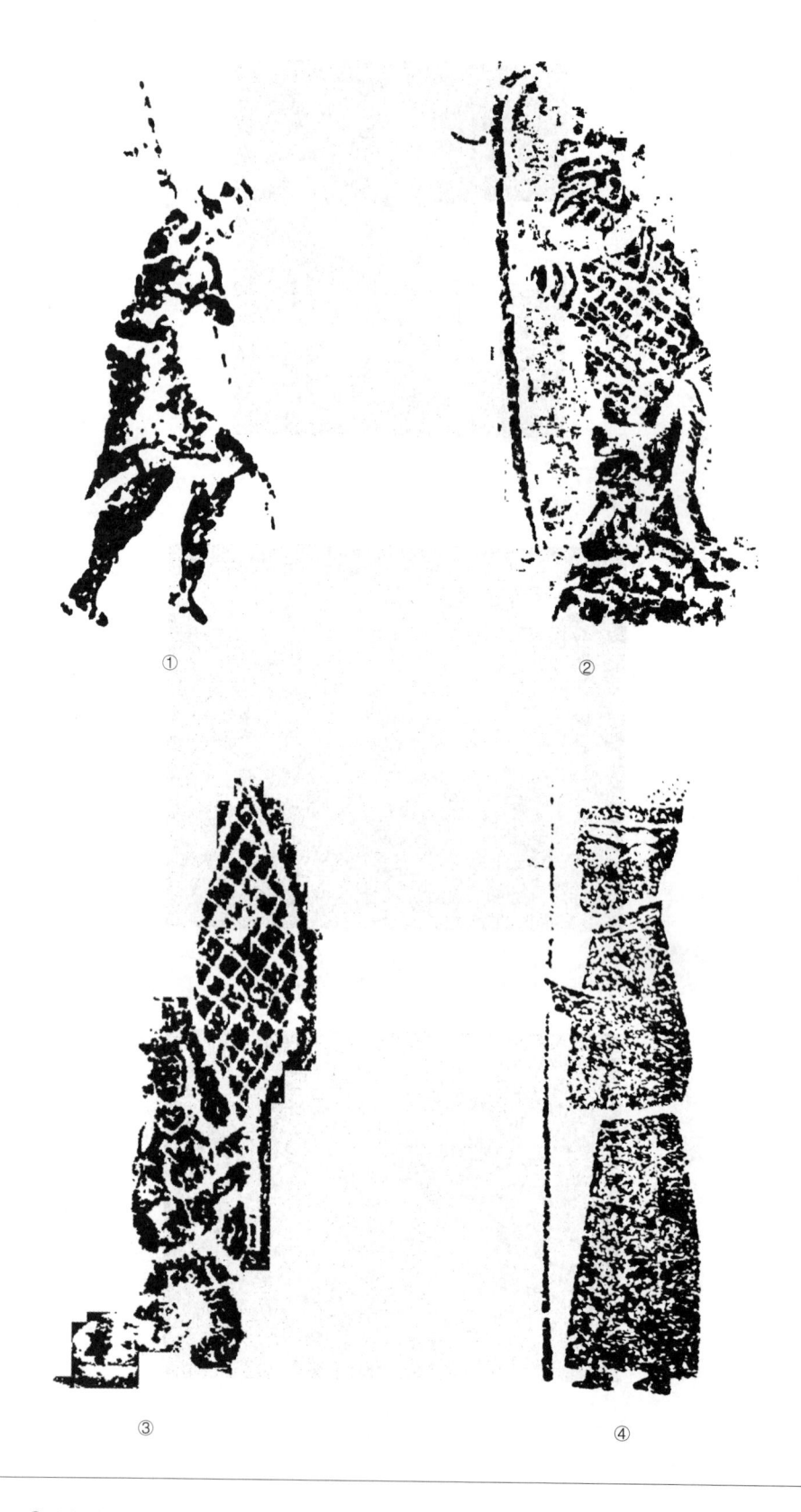

① 武士·扛戟，汉画像石，安徽淮北
② 武士·执戟，汉画像石，安徽淮北
③ 武士·执棒，汉画像石，安徽淮北
④ 武士·执戟，汉画像石，安徽淮北

① 武士·执棒，汉画像石，河南南阳英庄
② 武士·执棒，汉画像石，河南南阳英庄

武士

① 武士·执棒，汉画像石，河南南阳英庄
② 武士·执棒，汉画像石，河南南阳宛城区
③ 武士·执棒，汉画像石，河南南阳石桥
④ 武士·执棒，汉画像石，河南南阳
⑤ 武士·执钺，汉画像石，河南南阳
⑥ 武士·执钺，汉画像石，河南南阳

① 武士·执钺，汉画像石，河南南阳

① 武士·执钺，汉画像石，河南南阳
② 武士·执钺，汉画像石，河南南阳
③ 武士·执钺，汉画像石，河南南阳
④ 武士·执棒，汉画像石，河南南阳
⑤ 武士·执钺，汉画像石，河南方城

① 武士·执钺，汉画像石，河南南阳
② 武士·佩剑执盾，汉画像石，河南方城城关
③ 武士·执棒，汉画像石，河南方城
④ 武士·执刀，汉画像石，河南南阳
⑤ 武士·执刀，汉画像石，河南南阳

① 武士·执刀，汉画像石，河南南阳东关

① 武士·捧剑，汉画像石，河南南阳
② 武士·拔剑，汉画像石，河南唐河
③ 武士·佩剑，汉画像石，河南唐河
④ 武士·执钺，汉画像石，河南方城

① 武士·佩剑，汉画像石，河南方城
② 武士·执刀，汉画像石，河南南阳宛城区
③ 武士·执刀，汉画像石，河南南阳卧龙区

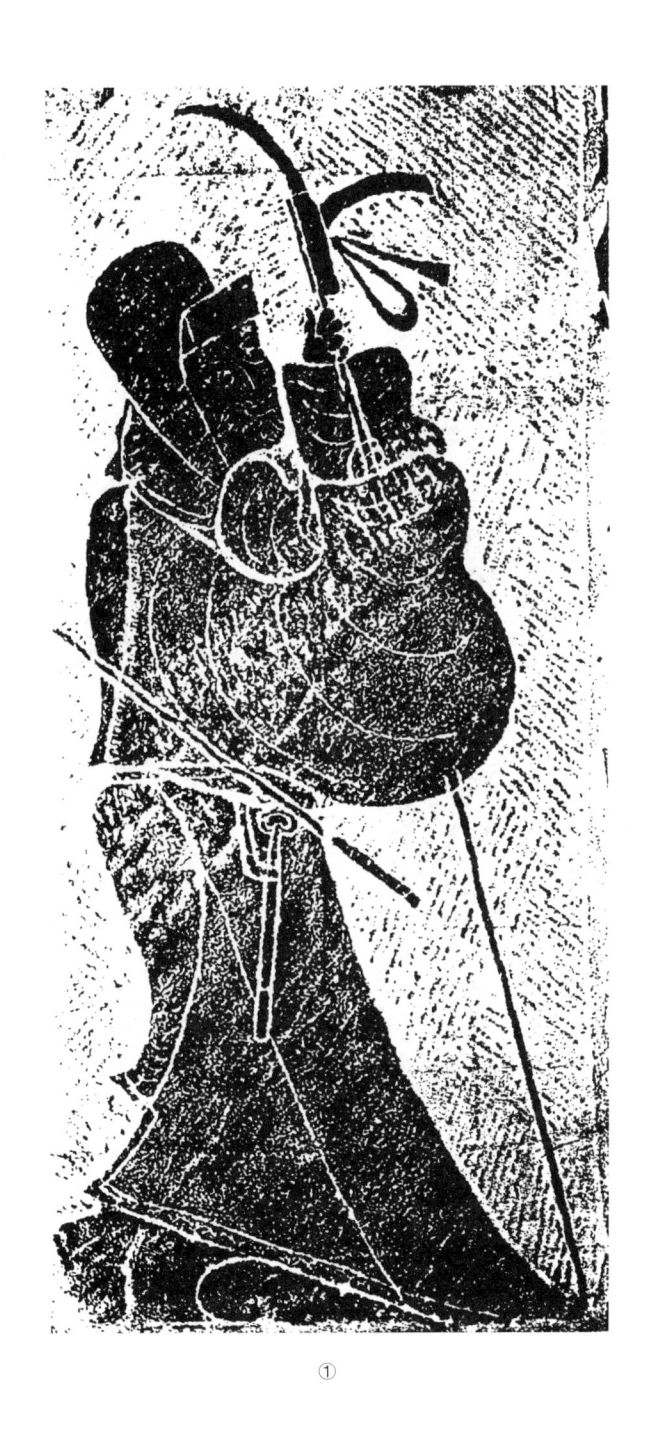

① 武士·执戟，汉画像石，河南方城城关

武士

① ② ③ ④

① 武士·执戟，汉画像石，河南南阳
② 武士·执戟，汉画像石，河南南阳
③ 武士·执戟，汉画像石，河南方城
④ 武士·执戟，汉画像石，河南方城

① 武士·执盾，汉画像石，河南方城
② 武士·执盾钺，汉画像石，河南南阳
③ 武士·执盾，汉画像石，河南南阳
④ 武士·佩剑，汉画像石，河南唐河
⑤ 武士·执戟，汉画像石，河南南阳七里园
⑥ 武士，汉画像石，河南方城

① 武士，汉画像石，河南南阳草店
② 武士，汉画像石，河南方城

① 武士·执戟，汉画像石，河南南阳
② 武士·拔剑，汉画像石，河南南阳
③ 武士·执棒，汉画像石，河南方城
④ 武士·执刀，汉画像石，河南方城
⑤ 武士·执盾，汉画像石，河南方城
⑥ 武士·执盾，汉画像石，河南方城

① 武士·执剑，汉画像石，河南南阳
② 武士，汉画像石，河南南阳麒麟岗

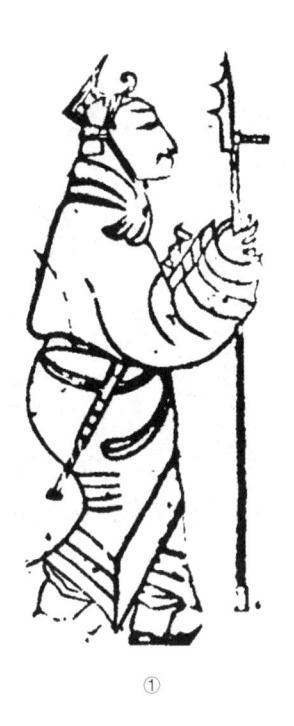

① 武士·执戟，汉画像砖，河南洛阳
② 武士·执戟，汉画像砖，河南洛阳
③ 武士·执戟，汉画像砖，河南洛阳
④ 武士·执棒，汉画像砖，河南洛阳

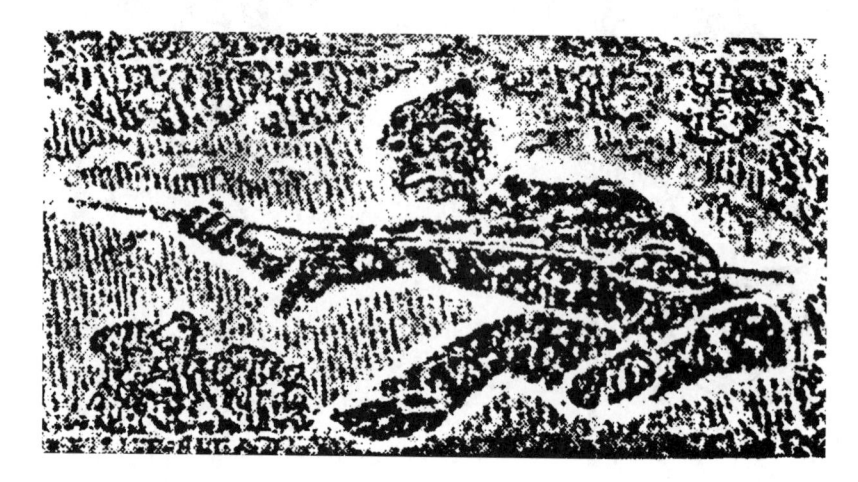

① 武士，汉画像石，河南方城
② 武士·执锤，汉画像石，河南永城

① 武士·执棒，汉画像砖，河南洛阳
② 武士·佩剑，汉画像砖，河南洛阳
③ 武士·执盾，汉画像砖，河南洛阳
④ 武士·执盾，汉画像砖，河南洛阳

① 武士·举剑，汉画像砖，河南方城
② 武士·佩剑，汉画像砖，河南淅川申明铺
③ 武士·执盾，汉画像砖，河南新野
④ 武士·执盾，汉画像砖，河南新野
⑤ 武士·执戟，汉画像石，河南南阳

① 武士·执钺，汉画像砖，河南方城
② 武士·执戟，汉画像砖，河南新野
③ 武士·佩剑，汉画像砖，河南邓州祁营

① 武士·执戟，汉画像砖，河南淅川高庄
② 武士·佩剑，汉画像砖，河南新密

① 武士·执戟，汉画像砖，河南扶沟
② 武士·执戟，汉画像砖，河南扶沟

①  ②

① 武士·执戟，汉画像砖，河南扶沟
② 武士·执盾，汉画像砖，河南扶沟

① 武士·执戟，汉画像砖，河南镇平
② 武士·执戟，汉画像砖，河南唐河
③ 武士·执戟，汉画像砖，河南淅川
④ 武士·捧盾，汉画像砖，河南淅川盛湾
⑤ 武士·执戟，汉画像砖，河南淅川夏湾

① 武士·执戟，汉画像砖，河南新密
② 武士·执戟，汉画像砖，河南新密
③ 武士·佩剑，汉画像砖，河南新密
④ 武士·执戟，汉画像砖，河南新密

① 武士·执斧，汉画像砖，河南新密
② 武士·佩剑，汉画像砖，河南新密
③ 武士·执戟，汉画像砖，河南新密
④ 武士·执戟，汉画像砖，河南新密

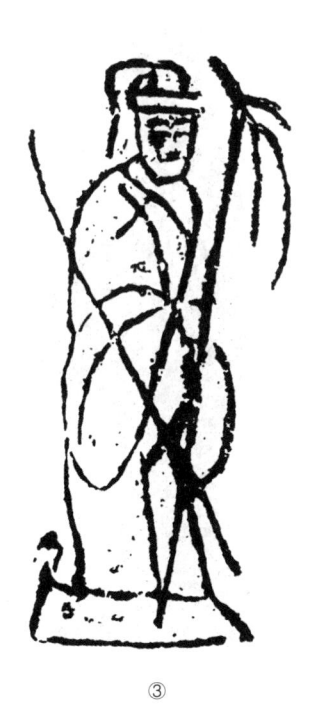

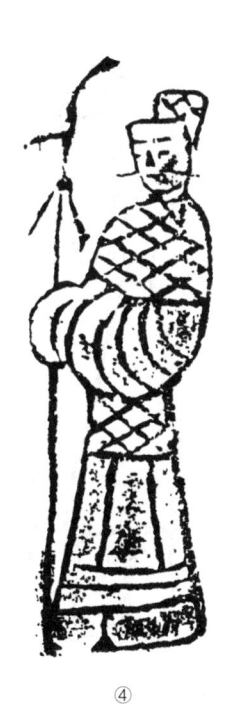

① 武士·执盾，汉画像砖，河南新密
② 武士·执盾，汉画像砖，河南新密
③ 武士，汉画像砖，河南新密
④ 武士，汉画像砖，河南新密

① 武士·执戟，汉画像砖，河南新密
② 武士·执戟，汉画像砖，河南新密
③ 武士·执戟，汉画像砖，河南新密
④ 武士·执戟，汉画像砖，河南新密
⑤ 武士·执盾，汉画像砖，河南新密
⑥ 武士·执盾，汉画像砖，河南新密

① 武士·执盾，汉画像砖，河南新密
② 武士·执盾，汉画像砖，河南许昌
③ 武士·执斧，汉画像砖，河南许昌
④ 武士·执刀，汉画像砖，河南许昌

① 武士，汉画像砖，河南许昌
② 武士，汉画像砖，河南许昌

① 武士·执戟，汉画像砖，河南许昌
② 武士·执戟，汉画像砖，河南许昌

武士

①  ②

① 武士·执斧，汉画像砖，河南许昌
② 武士·执盾，汉画像砖，河南许昌

① 武士·执戟,汉画像砖,河南许昌
② 武士·执斧,汉画像砖,河南许昌
③ 武士,汉画像石,河南永城
④ 武士,汉画像石,河南方城
⑤ 武士,汉画像石,河南方城

① 武士·执斧，汉画像砖，河南许昌
② 武士·执戟，汉画像砖，河南许昌
③ 武士，汉画像砖，河南许昌

① ② ③

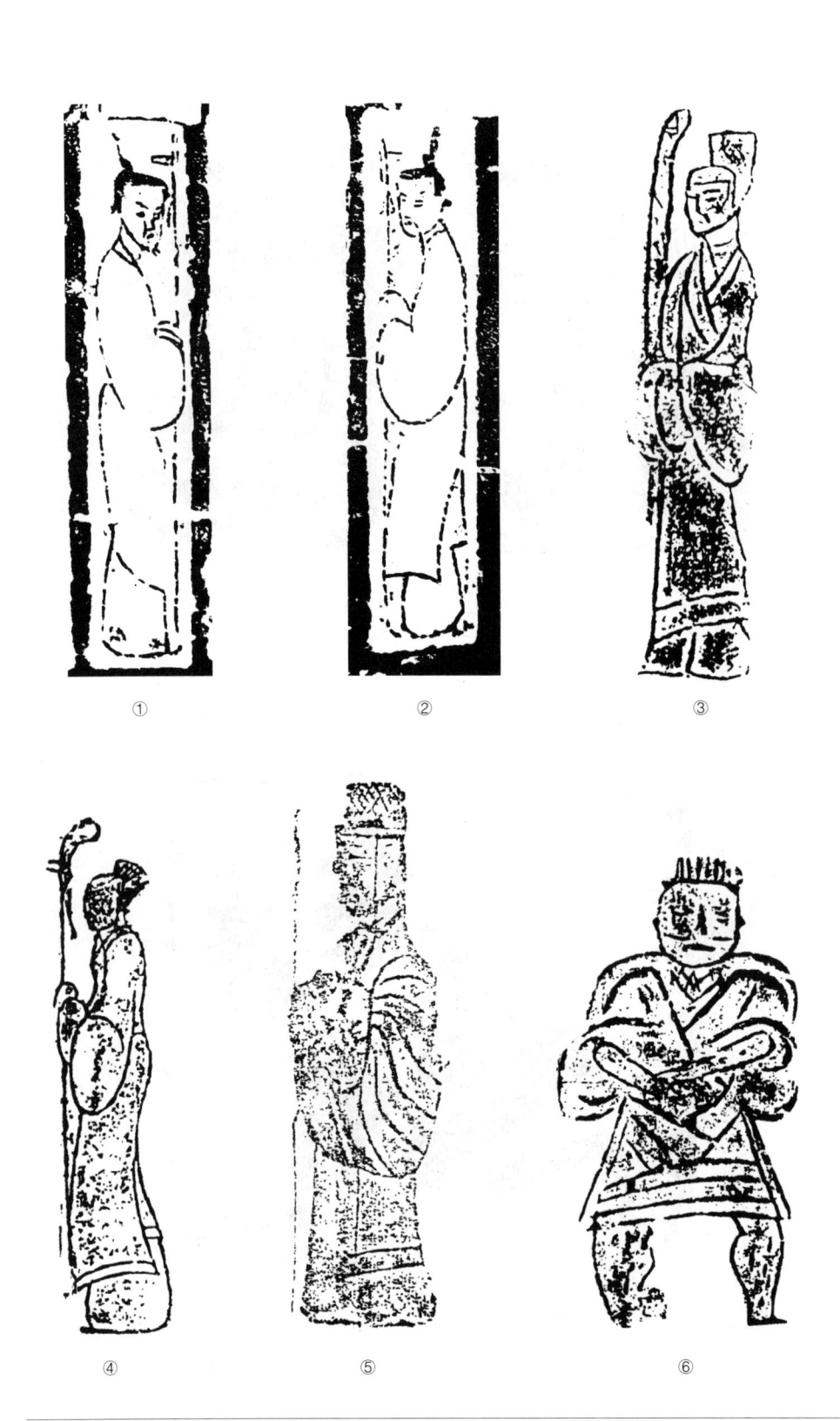

④ ⑤ ⑥

① 武士·执戟，汉画像砖，河南许昌
② 武士·执戟，汉画像砖，河南许昌
③ 武士，汉画像砖，河南巩义
④ 武士，汉画像砖，河南巩义
⑤ 武士，汉画像砖，河南新密
⑥ 武士，汉画像砖，河南新密

① 武士，汉画像砖，河南新密
② 武士，汉画像砖，河南新密
③ 武士·执戟，汉画像砖，河南新密
④ 武士·执戟，汉画像砖，河南新密
⑤ 武士，汉画像砖，河南新密

① ②

① 武士，汉画像砖，河南禹州
② 武士，汉画像砖，河南禹州

① 武士·执戟，汉画像砖，河南新密
② 武士·执戟，汉画像砖，河南新密
③ 武士·执戟，汉画像砖，河南尉氏
④ 武士·执戟，汉画像砖，河南周口

① 武士·执斧，汉画像砖，河南新郑
② 武士·执戟，汉画像砖，河南新郑

① ②

③

① 武士·执戟，汉画像砖，河南郑州
② 武士·执戟，汉画像砖，河南郑州
③ 武士·执斧，汉画像砖，河南郑州

① 武士，汉画像砖，河南郑州
② 武士·执斧，汉画像砖，河南郑州
③ 武士·执斧，汉画像砖，河南郑州
④ 武士·执盾，汉画像砖，河南郑州

武士

① 武士，汉画像砖，河南郑州
② 武士·佩剑，汉画像砖，河南郑州
③ 武士·执戟，汉画像砖，河南郑州

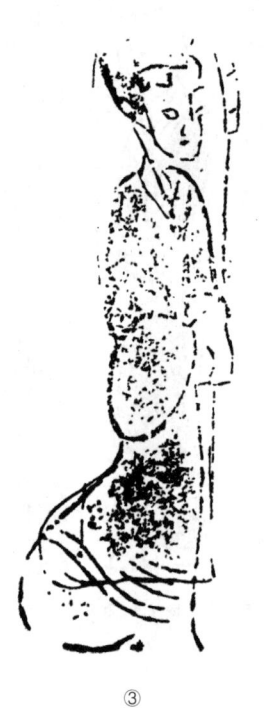

① 武士·执戟，汉画像砖，河南郑州
② 武士·执盾，汉画像砖，河南郑州
③ 武士·执戟，汉画像砖，河南郑州
④ 武士·执戟，汉画像砖，河南郑州

① 武士·执戟，汉画像砖，河南郑州
② 武士·执戟，汉画像砖，河南郑州
③ 武士·执盾，汉画像砖，河南郑州
④ 武士·执戟，汉画像砖，河南郑州
⑤ 武士·执戟，汉画像砖，河南郑州

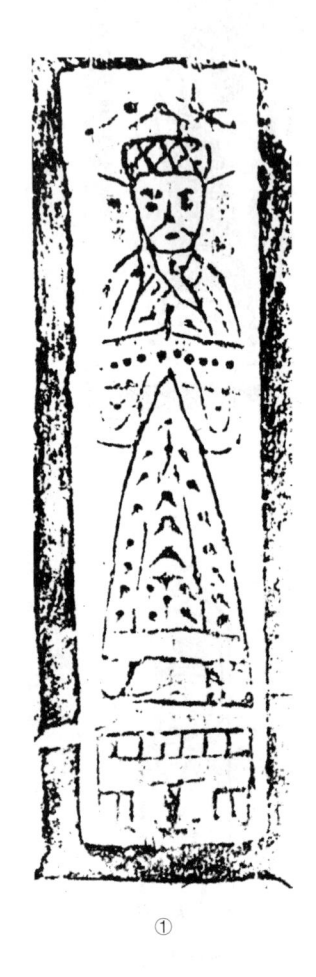

① 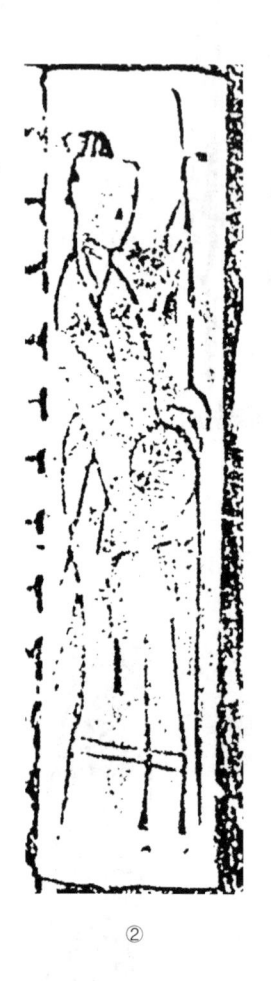 ②  ③

① 武士·执盾，汉画像砖，河南郑州
② 武士·执戟，汉画像砖，河南郑州
③ 武士·执戟，汉画像砖，河南郑州

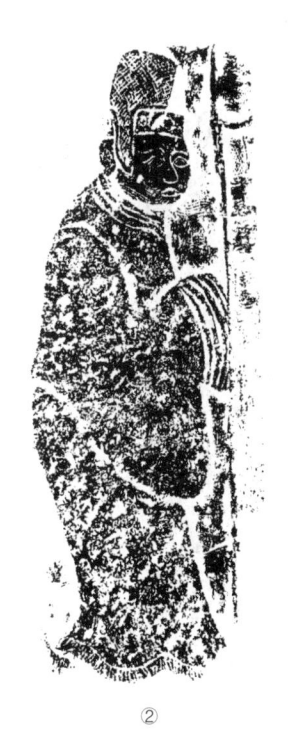

① 武士·佩剑，汉画像砖，山东金乡
② 武士·执戟，汉画像石，山东济宁喻屯镇
③ 武士·执弩，汉画像砖，山东临沂

① 武士·佩剑，汉画像石，山东临沂
② 武士·佩剑，汉画像石，山东费县
③ 武士·佩剑，汉画像石，山东费县

① 武士·执弩，汉画像石，山东临沂白庄
② 武士·扛戟，汉画像石，山东临沂白庄
③ 武士·执刀，汉画像石，山东临沂白庄

武士

①武士·佩剑，汉画像石，山东临沂白庄
②武士·执戟，汉画像石，山东济宁喻屯镇
③武士·执刀，汉画像石，山东曲阜

① 武士·执刀，汉画像石，山东嘉祥武氏祠
② 武士·执刀，汉画像石，山东曲阜
③ 武士，汉画像石，山东嘉祥武氏祠
④ 武士·执棒，汉画像石，山东莒县

① 武士·执盾，汉画像石，山东沂南北寨
② 武士·执盾，汉画像石，山东沂南北寨

① 武士·执戟，汉画像石，山东沂南
② 武士，汉画像石，山东邹城
③ 武士，汉画像石，山东邹城郭里乡
④ 武士，汉画像石，山东邹城

① 武士，汉画像石，山东邹城
② 武士·执棒，汉画像石，山东莒县
③ 武士·佩剑，汉画像石，山东沂南北寨

① 武士，汉画像石，山东微山
② 武士·执刀，汉画像石，山东滕州
③ 武士·执斧，汉画像石，山东滕州
④ 武士·气功，汉画像石，山东邹城

① 武士·执刀，汉画像石，山东滕州西户口
② 武士·执盾，汉画像石，山东滕州西户口
③ 武士·佩剑，汉画像石，山东滕州西户口

① 武士,汉画像石,山东汶上
② 武士,汉画像石,山东金乡

① 武士·执弓，汉画像石，安徽宿州褚兰镇
② 武士，汉画像石，江苏徐州

① ② ③ ④ ⑤

● ····· 武士

① 武士·执戟，汉画像石，江苏徐州
② 武士·执盾，汉画像石，江苏徐州
③ 武士·执盾，汉画像石，江苏徐州
④ 武士·执刀，汉画像石，江苏徐州
⑤ 武士，汉画像石，江苏徐州

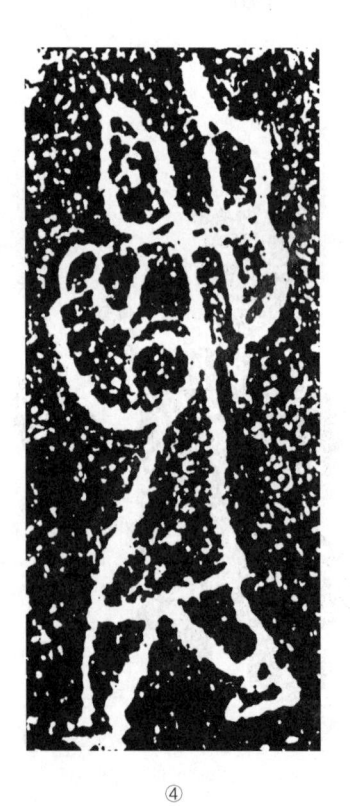

① 武士，汉画像石，江苏徐州
② 武士，汉画像石，江苏睢宁
③ 武士·执戟，汉画像石，江苏徐州
④ 武士·扛弩，汉画像石，安徽淮北

① 武士，汉画像石，安徽宿州褚兰镇
② 武士·执戟，汉画像石，陕西绥德
③ 武士·执戟，汉画像石，陕西绥德
④ 武士·执戟，汉画像石，陕西绥德

① 武士·执戟，汉画像石，陕西绥德
② 武士·执戟，汉画像石，陕西绥德
③ 武士·执戟，汉画像石，陕西榆林
④ 武士·执戟，汉画像石，陕西绥德
⑤ 武士·执戟，汉画像石，陕西绥德

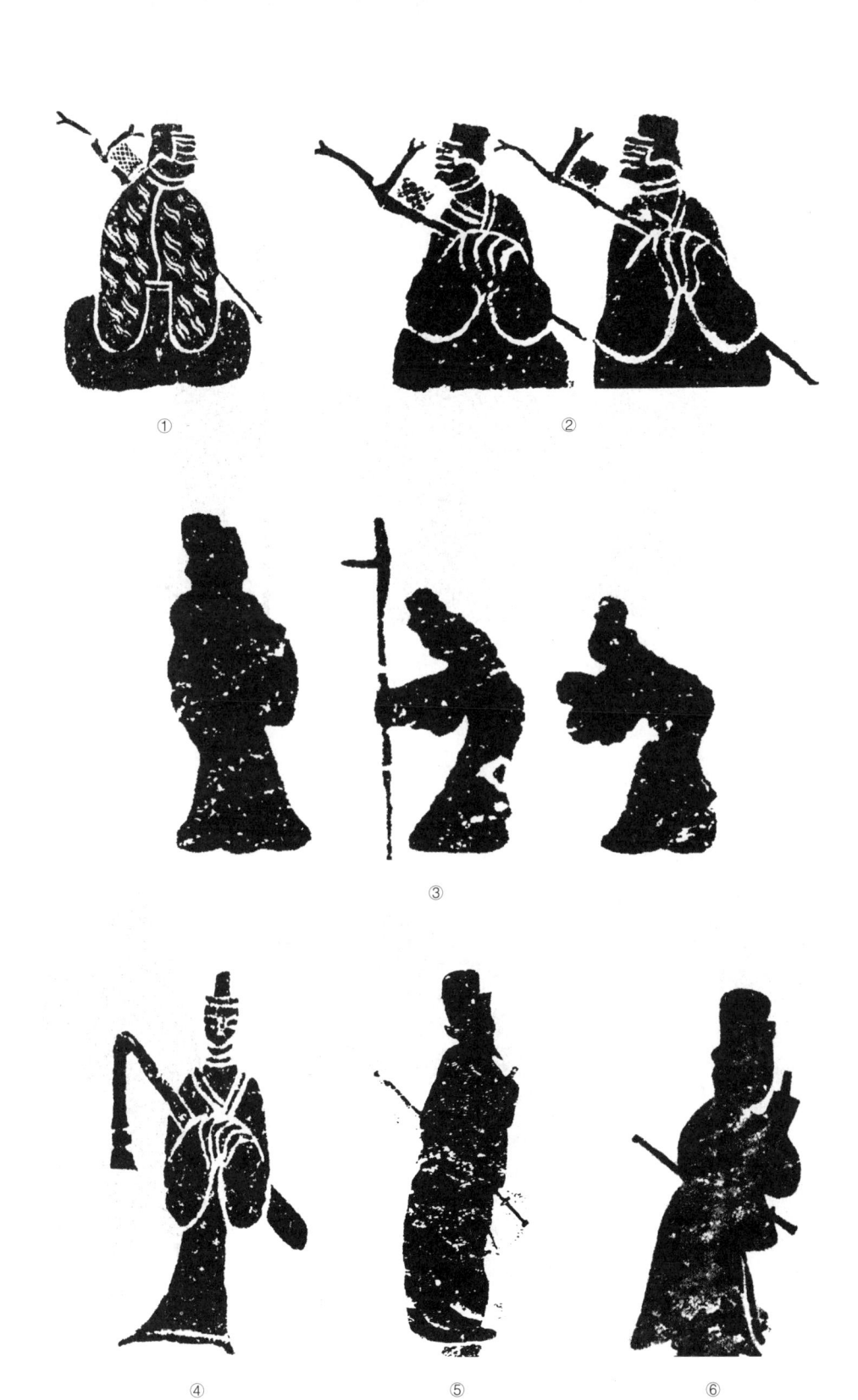

① 武士·执戟，汉画像石，陕西绥德
② 武士，汉画像石，陕西绥德
③ 武士，汉画像石，陕西绥德
④ 武士，汉画像石，陕西绥德
⑤ 武士·佩剑，汉画像石，陕西绥德
⑥ 武士·佩剑，汉画像石，陕西绥德

① 武士，汉画像石，陕西绥德
② 武士，汉画像石，陕西米脂党家沟
③ 武士·执戟，汉画像石，陕西米脂
④ 武士·执戟，汉画像石，陕西榆林

①武士·执戟，汉画像石，陕西绥德
②武士·执戟，汉画像石，陕西绥德
③武士·执棒，汉画像石，陕西绥德

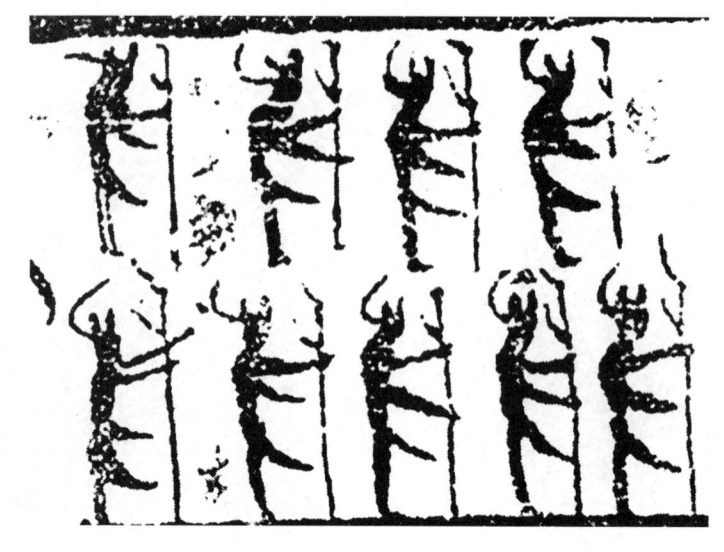

① 武士，汉画像石，陕西米脂官庄
② 武士·佩剑，汉画像石，陕西清涧
③ 武士·执戟，汉画像石，陕西榆林

① 武士，汉画像石，陕西横山
② 武士，汉画像石，陕西子洲
③ 武士，汉画像石，陕西子洲
④ 武士，汉画像石，陕西横山

① 武士，汉画像石棺，四川合江
② 武士，汉画像石棺，四川合江
③ 武士，汉画像石棺，四川合江
④ 武士·执戟，汉画像石棺，四川合江

① 武士·执盾，汉画像石棺，四川芦山
② 武士·执戟，汉画像石棺，四川成都
③ 武士·执戟，汉画像石棺，四川泸州
④ 武士·执盾，汉画像石棺，四川彭山

① 武士，汉画像石棺，四川新津
② 武士，汉画像石棺，四川宜宾
③ 武士，汉代崖墓，四川中江

① 武士，汉画像石棺，四川泸州
② 武士·执盾，汉画像石棺，四川彭山
③ 武士，汉画像石棺，四川彭山

①
② 
③ 

①武士·执盾，汉画像石，山东嘉祥武氏祠
②武士·执盾，汉画像石，山东嘉祥武氏祠
③武士，汉画像石，山东嘉祥宋山

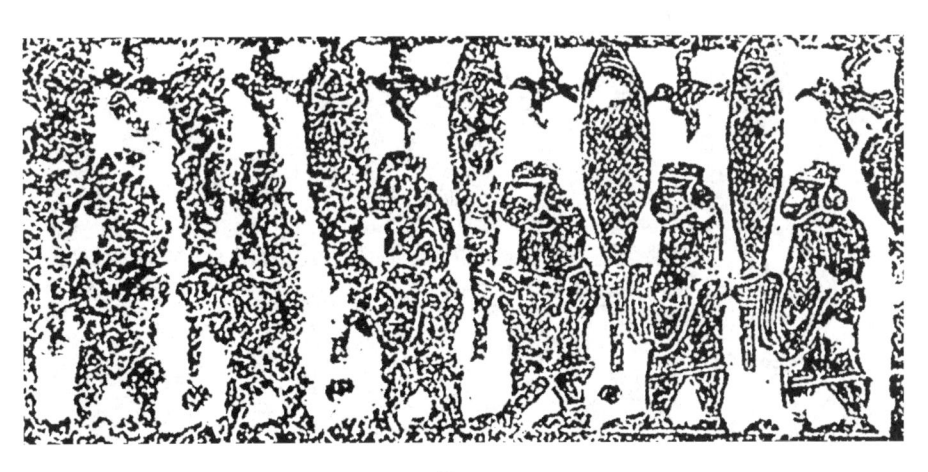

① 武士，汉画像石，山东嘉祥纸坊镇
② 武士·执棒，汉画像石，山东滕州

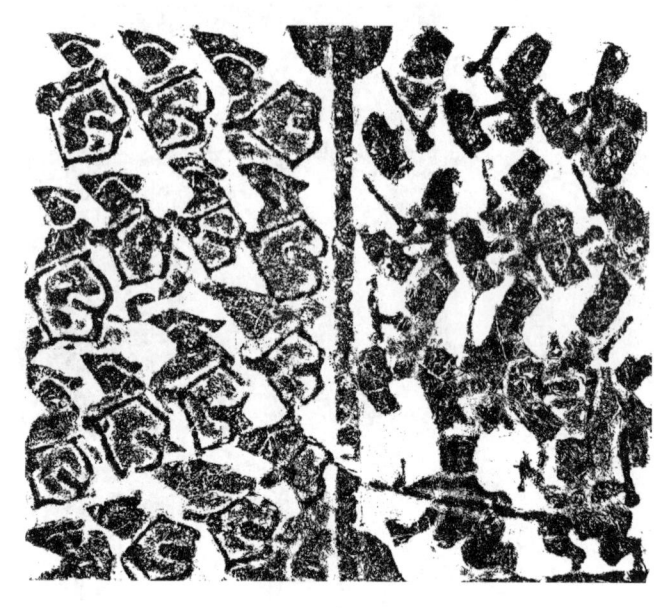

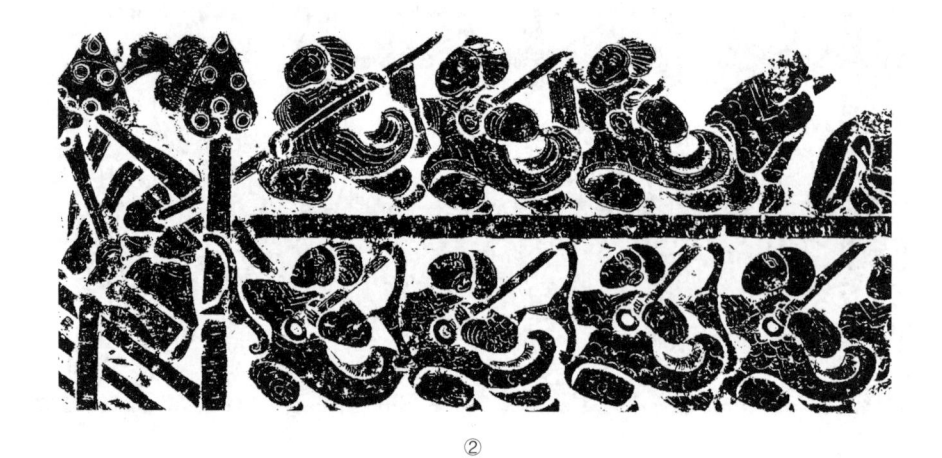

① 武士，汉画像石，山东临沂
② 武士，汉画像石，山东临沂白庄

① ②

① 武士，汉代壁画，山东东平后屯
② 武士，汉代壁画，山东东平后屯

① 武士，汉代壁画，山东东平后屯
② 武士，汉代壁画，山东东平后屯
③ 武士，汉代壁画，山东东平后屯

① 武士，汉画像石，山东沂南北寨

① 武士·扛戟，汉画像石，山东长清孝堂山
② 武士·执弓，汉画像石，山东长清孝堂山

① 武士·骑射，汉画像砖，河南郑州
② 武士·骑射，汉画像砖，河南郑州
③ 武士·骑射，汉画像砖，河南郑州

① 武士·骑射，汉画像砖，河南郑州
② 武士·骑射，汉画像砖，河南郑州
③ 武士·骑射，汉画像砖，河南郑州

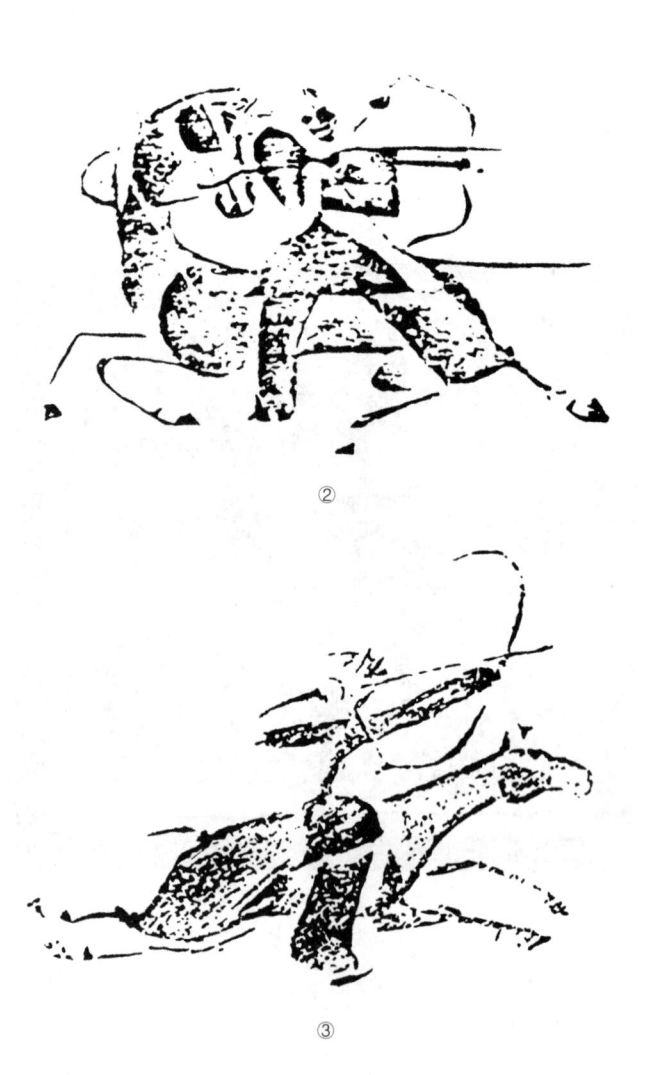

① 武士·骑射，汉画像砖，河南郑州
② 武士·骑射，汉画像砖，河南郑州
③ 武士·骑射，汉画像砖，河南郑州

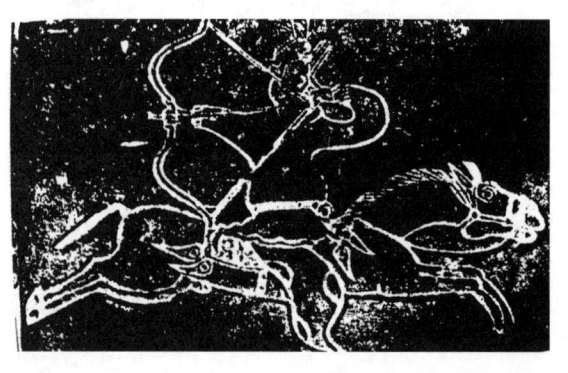

① 武士·骑士，汉画像砖，河南洛阳
② 武士·骑士，汉画像砖，河南洛阳
③ 武士·骑士，汉画像砖，河南洛阳

① 武士·骑士，汉画像砖，河南郑州
② 武士·骑士，汉画像砖，河南郑州
③ 武士·骑士，汉画像砖，河南郑州

① 武士·双骑士，汉画像砖，河南郑州
② 武士·骑士，汉画像砖，河南洛阳
③ 武士·骑士，汉画像砖，河南新密

① 武士·骑射，汉画像砖，河南新密
② 武士·骑士，汉画像砖，河南新密
③ 武士·骑士，汉画像砖，河南郑州

① 武士·骑士，汉画像砖，河南新密
② 武士·骑士，汉画像砖，河南新密
③ 武士·骑射，汉画像砖，河南新密

① 武士·骑士，汉画像砖，河南新密
② 武士·骑士，汉画像砖，河南新密
③ 武士·双骑士，汉画像砖，河南新密

①武士·双骑士,汉画像砖,河南鄢陵
②武士·骑士,汉画像砖,河南荥阳

① 武士·骑射，汉画像砖，河南新野
② 武士·骑射，汉画像石，河南南阳草店
③ 武士·出行，汉画像石，河南唐河

① 武士·骑士，汉画像石，安徽淮北
② 武士·骑士，汉画像石，安徽淮北
③ 武士·骑士，汉画像石，安徽淮北
④ 武士·骑士，汉画像石，安徽淮北

① ······ 武士

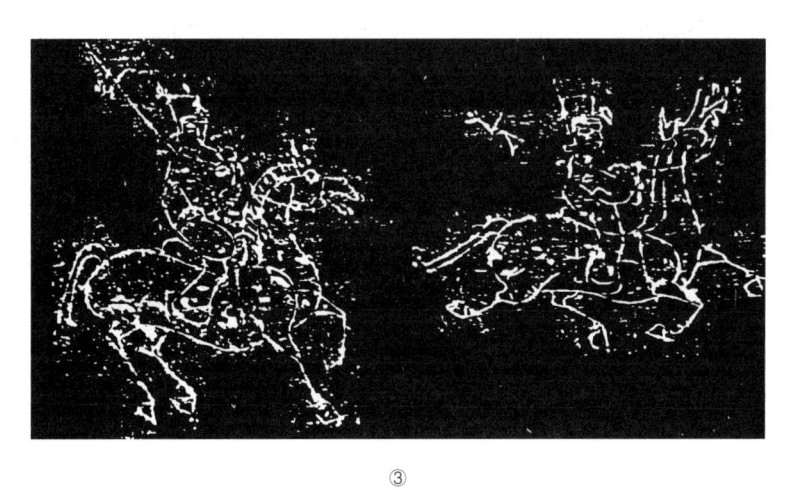

② ······ 247

① 武士·骑士，汉画像石，安徽淮北
② 武士·骑射，汉画像石，安徽淮北
③ 武士·双骑士，汉画像石，安徽淮北

① 武士·双骑士，汉画像石，安徽淮北
② 武士·骑射，汉画像石，安徽萧县

① 武士·骑士，汉画像石，安徽萧县
② 武士·双骑士，汉画像石，山东嘉祥武氏祠

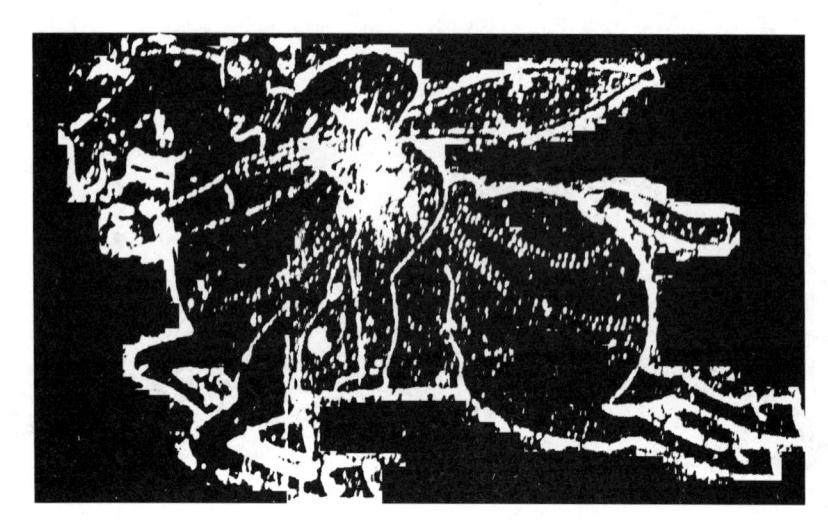

① 武士·骑士，汉画像石，山东嘉祥宋山
② 武士·双骑士，汉画像石，山东嘉祥宋山

① 武士·骑士，汉画像石，山东嘉祥宋山

① 武士·骑士，汉画像石，山东嘉祥宋山

① 武士・双骑士，汉画像石，山东临沂
② 武士・骑士，汉画像石，山东临沂
③ 武士・骑士，汉画像石，山东临沂

①

②

① 武士·骑士，汉画像石，山东临沂
② 武士·骑士，汉画像石，山东临沂

①

②

① 武士·骑士，汉画像石，山东临沂
② 武士·骑士，汉画像石，山东临沂

① 武士・骑士，汉画像石，山东临沂
② 武士・骑射，汉画像石，山东临沂

① 武士・骑士，汉画像石，山东滕州孔集
② 武士・骑士，汉画像石，山东苍山

① 武士·骑士，汉画像石，山东滕州西户口
② 武士·骑士，汉画像石，山东滕州西户口
③ 武士·骑士，汉画像石，山东滕州西户口

① 武士·骑士，汉画像石，山东苍山
② 武士·骑士，汉画像石，山东苍山

① 武士·双骑士，汉画像石，山东苍山
② 武士·双骑士，汉画像石，山东邹城

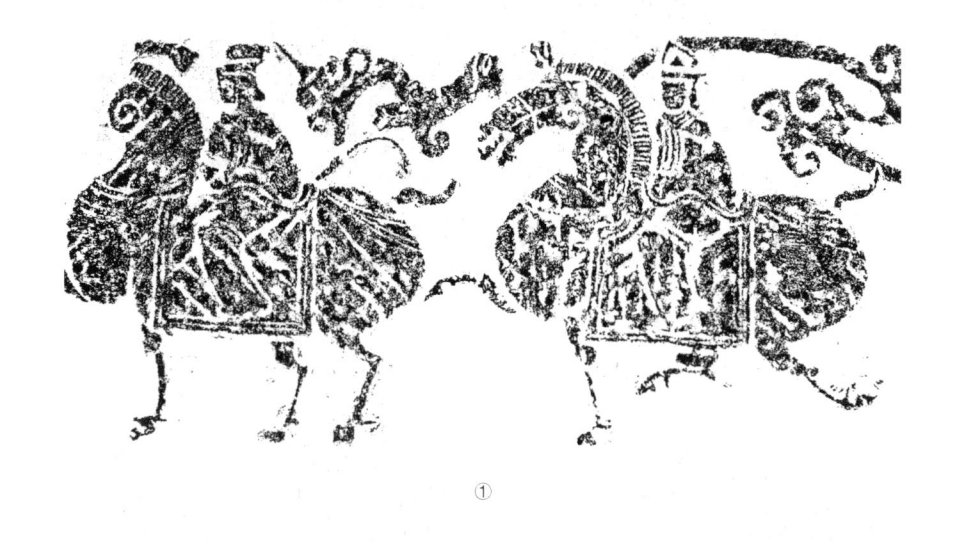

① 武士·双骑士，汉画像石，山东邹城
② 武士·双骑士，汉画像石，山东邹城

①

②

③

① 武士·双骑士，汉画像石，山东邹城
② 武士·双骑士，汉画像石，山东邹城
③ 武士·骑士，汉画像石，山东邹城

① 武士·骑士，汉画像石，山东邹城
② 武士·三骑士，汉画像石，山东莒县
③ 武士·骑射，汉画像石，山东费县

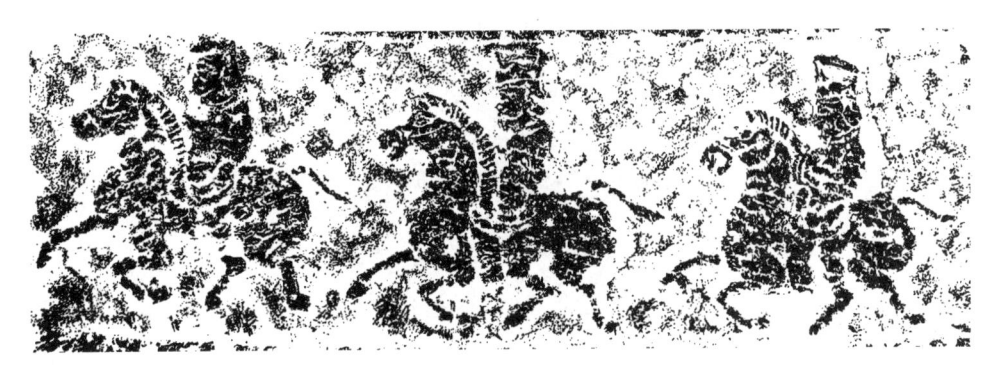

① 武士·众骑士，汉画像石，山东长清

① 武士·骑士，汉画像石，山东莒县
② 武士·骑士，汉画像石，山东微山
③ 武士·骑士，汉画像石，山东微山

① 武士·双骑士，汉画像石，山东沂南北寨

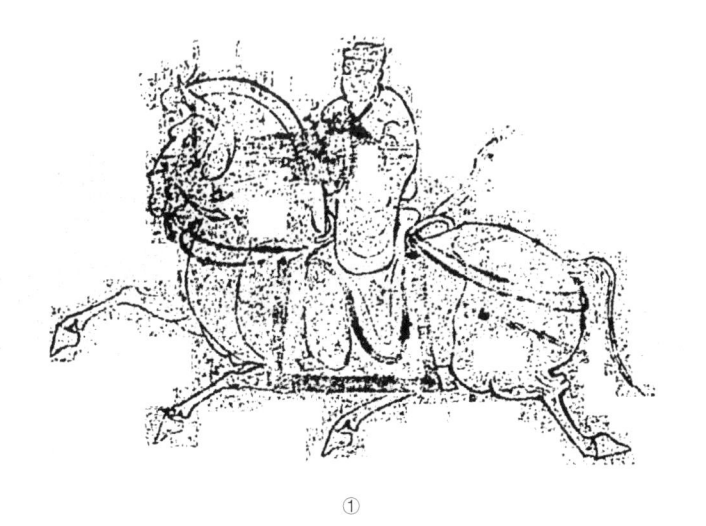

① 武士・骑士，汉画像石，山东烟台
② 武士・骑士，汉画像石，陕西绥德
③ 武士・双骑士，汉画像石，陕西绥德

① 武士·骑射，汉画像石，陕西绥德
② 武士·骑射，汉画像石，陕西清涧
③ 武士·骑射，汉画像石，陕西清涧

① 武士·骑射，汉画像石，陕西清涧
② 武士·骑士，汉画像石，山西离石

① 武士·骑士，汉画像石，山西离石
② 武士·骑射，汉画像石，江苏徐州
③ 武士·骑士，汉画像石，浙江海宁

① 武士·三骑士，汉画像石棺，重庆沙坪坝
② 武士·骑士，汉代崖墓，四川乐山
③ 武士·双骑士，汉画像砖，四川彭州

① 武士·双骑士，汉画像石棺，四川新津
② 武士·双骑士，汉画像石棺，四川彭山

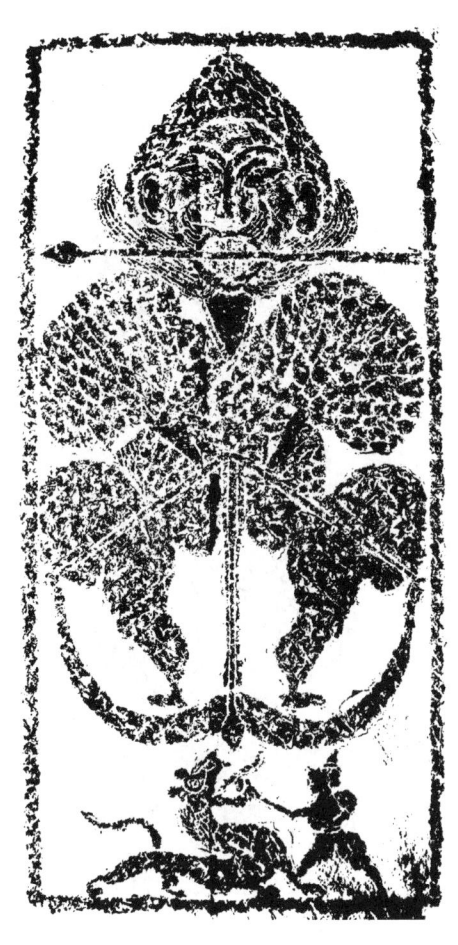

① 武士·蹶张，汉画像石，江苏徐州
② 武士·蹶张，汉画像石，江苏徐州

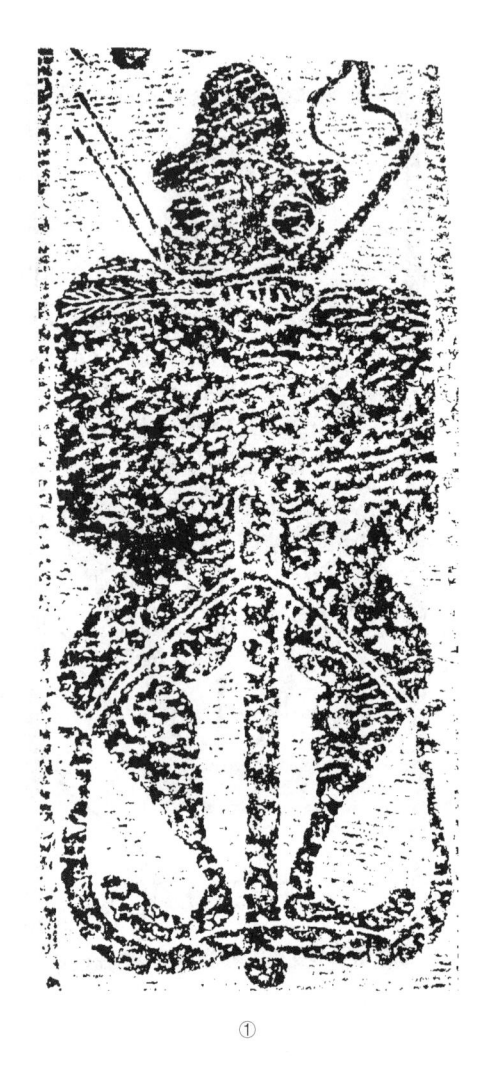

① 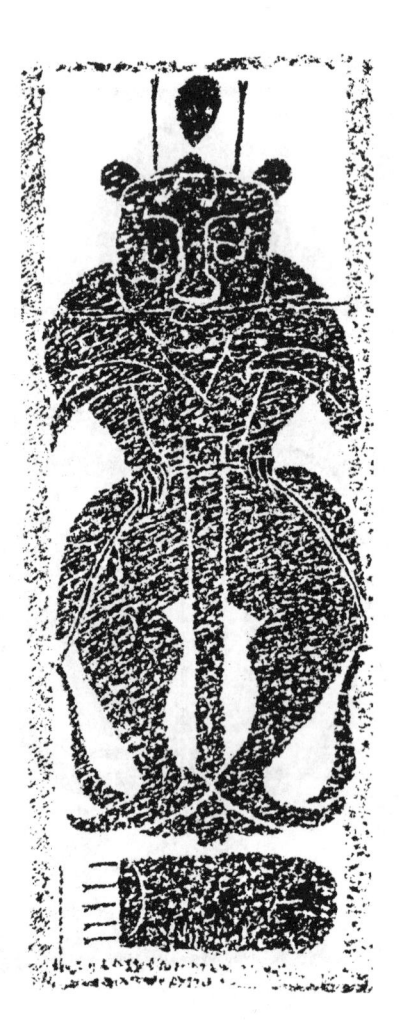 ②

① 武士·蹶张，汉画像石，河南南阳
② 武士·蹶张，汉画像石，河南南阳

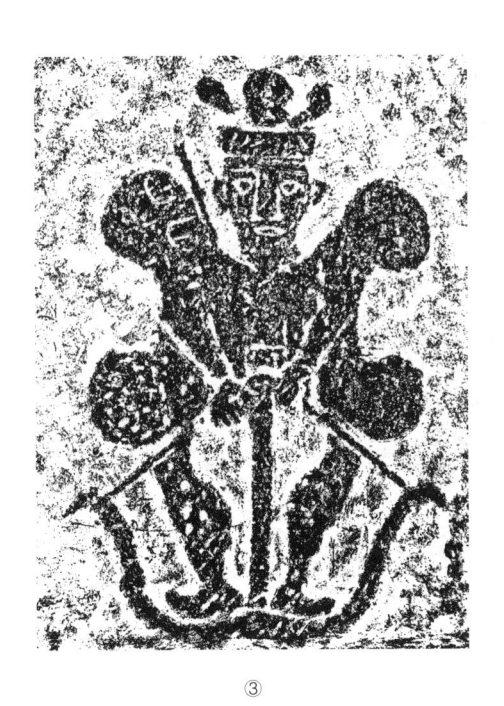

① 武士·蹶张，汉画像石，河南南阳
② 武士·蹶张，汉画像砖，河南邓州
③ 武士·蹶张，汉画像石，河南唐河
④ 武士·蹶张，汉画像石，河南方城

① 武士·蹶张，汉画像石，江苏徐州
② 武士·蹶张，汉画像石，江苏徐州

① 武士·蹶张，汉画像砖，河南新密
② 武士·蹶张，汉画像砖，河南新密
③ 武士·蹶张，汉画像砖，河南新密
④ 武士·蹶张，汉画像砖，河南郑州
⑤ 武士·蹶张，汉画像砖，河南郑州
⑥ 武士·蹶张，汉画像砖，河南郑州

① 武士·蹶张，汉画像石，安徽淮北
② 武士·蹶张，汉画像石，安徽淮北

① 武士·蹶张，汉画像石，安徽宿州
② 武士·蹶张，汉画像石，安徽萧县

① 武士·蹶张，汉画像石，安徽淮北
② 武士·蹶张，汉画像石，安徽淮北

① 武士·蹶张，汉画像石，安徽淮北
② 武士·蹶张，汉画像石，安徽淮北

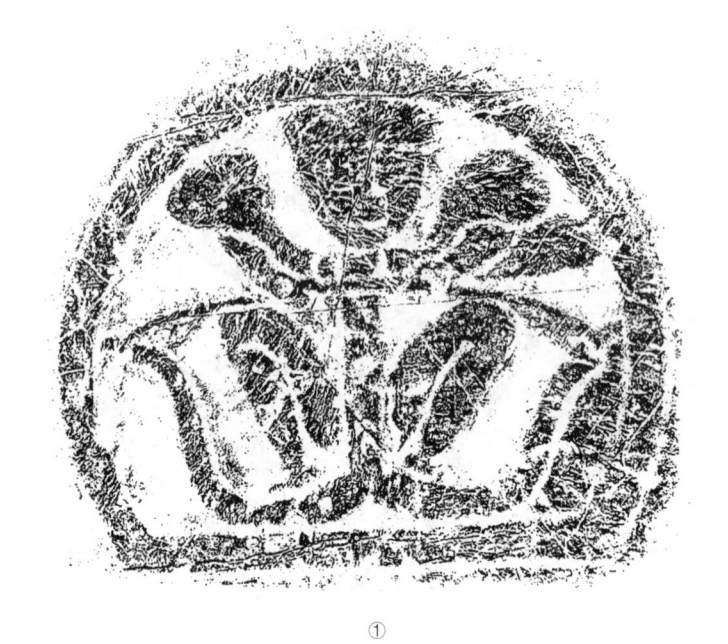

①

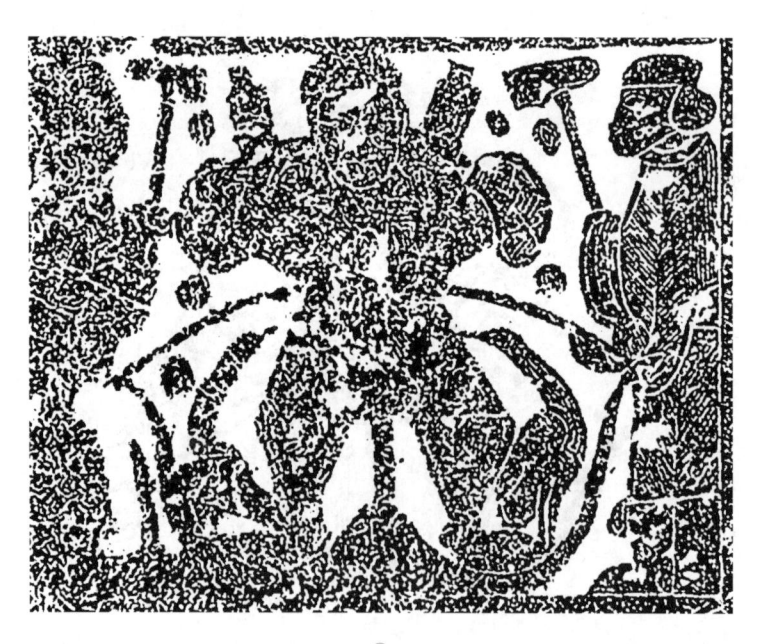

②

①武士·蹶张，汉画像石，山东临沂
②武士·蹶张，汉画像石，山东滕州

① 武士・蹶张，汉画像石，山东沂南
② 武士・蹶张，汉画像石，山东临沂
③ 武士・蹶张，汉画像石，山东邹城

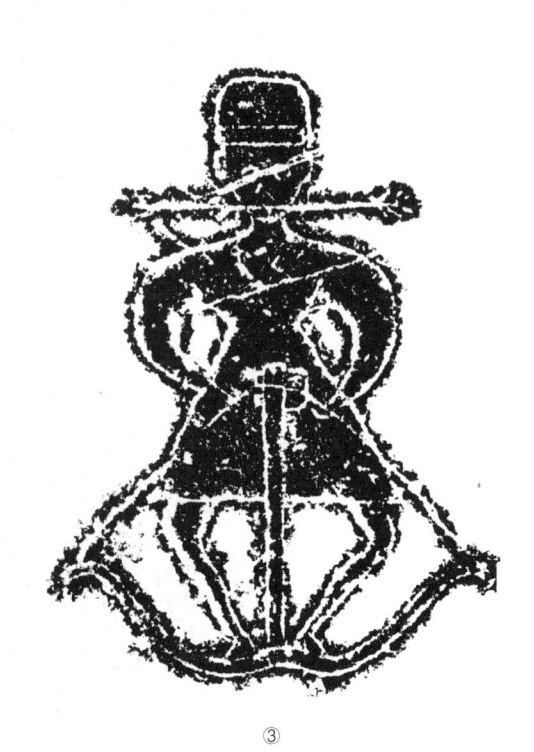

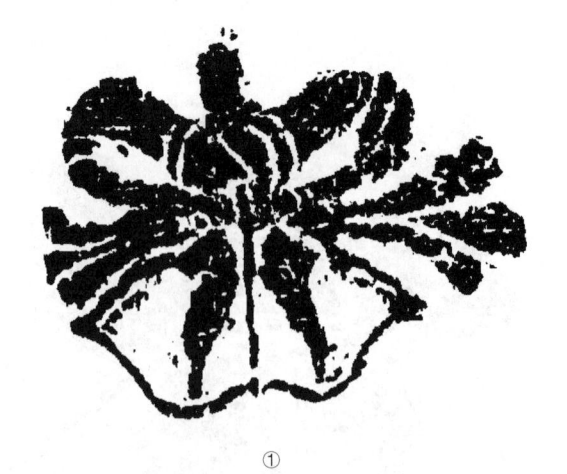

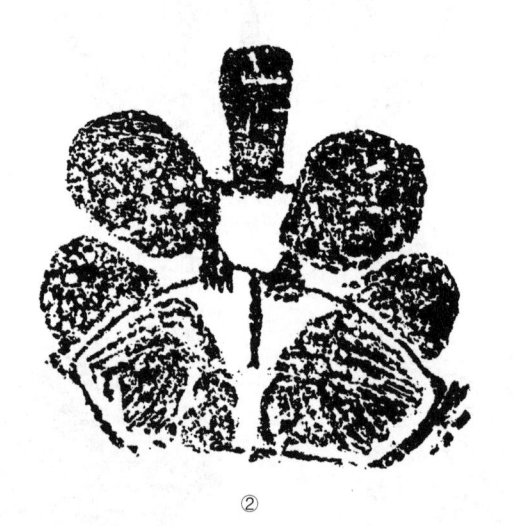

① 武士·蹶张，汉画像石，山东安丘
② 武士·蹶张，汉画像石，四川乐山
③ 武士·蹶张，汉画砖，四川成都

① 武士·蹶张，汉画像石，四川内江
② 武士·蹶张，汉画像石，陕西榆林
③ 武士·蹶张，汉画像砖，湖南长沙

① 武士·射箭，汉画像石，山东嘉祥宋山
② 武士·射箭，汉画像石，山东嘉祥武氏祠
③ 武士·射箭，汉画像石，山东临沂

① 武士·跪射，汉画像石，山东滕州西户口
② 武士·跪射，汉画像石，山东滕州西户口

① 武士·射箭，汉画像石，山东苍山

① 武士·射箭，汉画像石，山东莒县
② 武士·射箭，汉画像石，安徽淮北
③ 武士·回射，汉画像石，山东微山

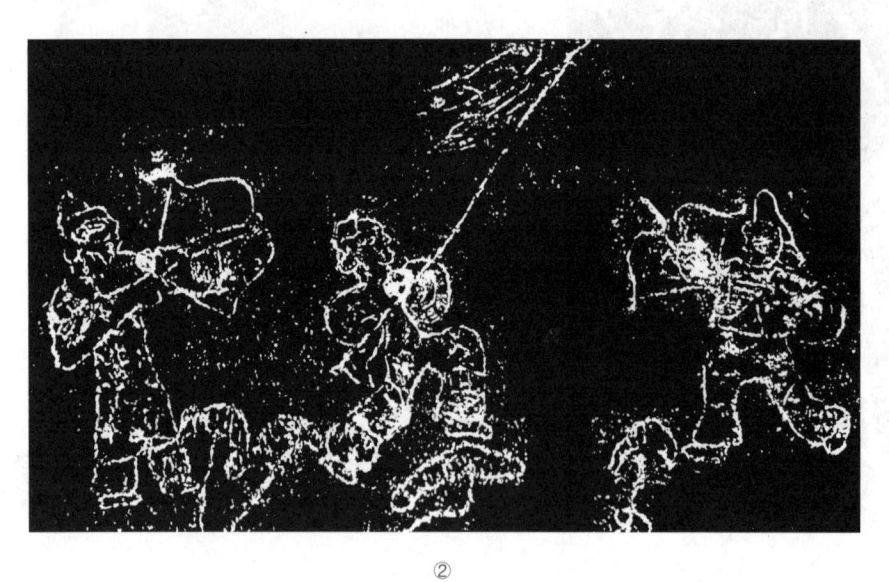

① 武士·射箭，汉画像石，山东平阴
② 武士·射箭，汉画像石，安徽淮北

① 武士·射箭，汉画像石，安徽萧县
② 武士·射箭，汉画像石，安徽萧县

① 武士·跪射，汉画像石，河南南阳王庄
② 武士·回射，汉画像砖，河南洛阳
③ 武士·射箭，汉画像砖，河南郑州

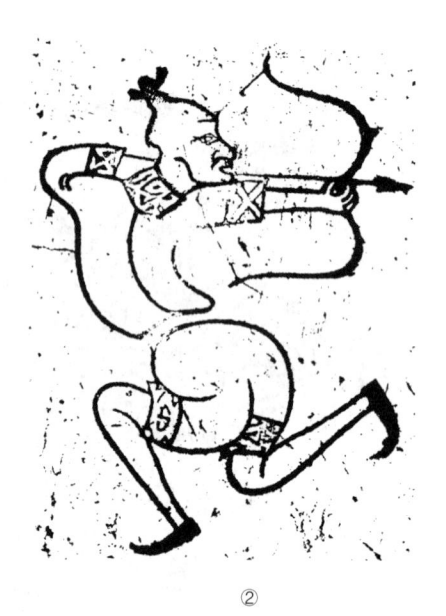

① 武士·比武，汉画像砖，河南许昌
② 武士·比武，汉画像砖，河南许昌

① 武士·比武，汉画像砖，河南许昌
② 武士·比武，汉画像砖，河南许昌
③ 武士·比武，汉画像砖，河南许昌

① 武士·比武，汉画像砖，河南许昌
② 武士·比武，汉画像砖，河南许昌
③ 武士·比武，汉画像砖，河南郑州

① 武士·比武，汉画像砖，河南郑州
② 武士·比武，汉画像砖，河南郑州
③ 武士·比武，汉画像砖，河南平顶山

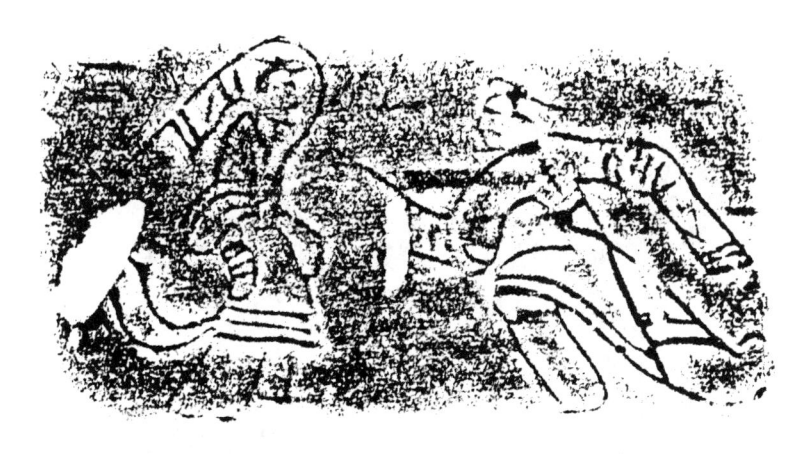

① 武士·比武，汉画像砖，河南新密
② 武士·搏击，汉画像石，河南南阳麒麟岗
③ 武士·搏击，汉画像石，河南南阳麒麟岗

①

②

①武士·搏击，汉画像石，河南南阳
②武士·搏击，汉画像石，河南唐河

① 武士·演武，汉画像石，安徽宿州褚兰镇
② 武士·比武，汉画像石，安徽宿州褚兰镇
③ 武士·比武，汉画像石，安徽淮北

① 武士·演武，汉画像石，江苏徐州茅村
② 武士·格斗，汉画像石，江苏铜山
③ 武士·比武，汉画像石，江苏徐州

① 武士·格斗，汉画像石，山东邹城
② 武士·格斗，汉画像石，山东邹城

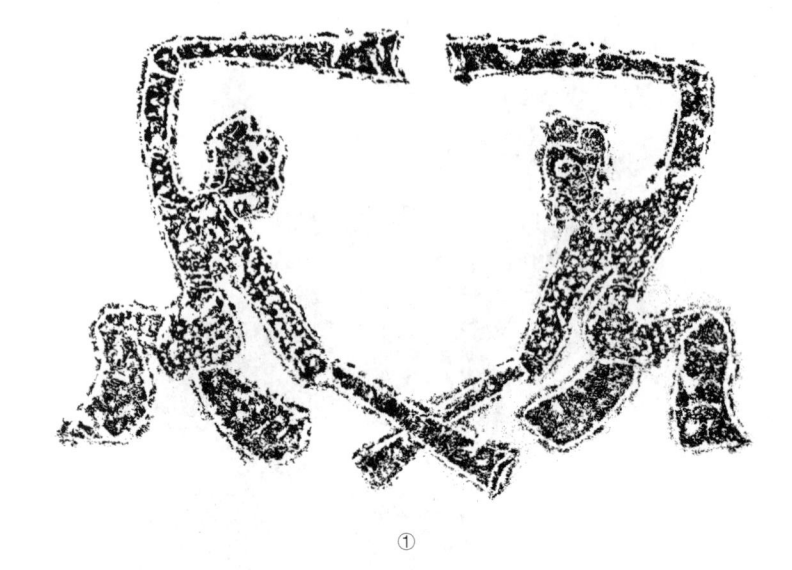

① 武士·格斗，汉画像石，山东邹城
② 武士·演武，汉画像石，山东邹城

① 武士·比武，汉画像石，山东滕州
② 武士·格斗，汉画像石，山东微山

① 武士·竞技，汉画像石，山东滕州
② 武士·格斗，汉画像石，山东微山
③ 武士·比武，汉画像石，陕西绥德

①

②

① 武士·习武，汉画像石，陕西绥德
② 武士·习武，汉画像石，陕西绥德

① 武士·比武，汉画像石，陕西榆林
② 武士·比武，汉画像石，陕西榆林
③ 武士·争斗，汉画像石，陕西横山

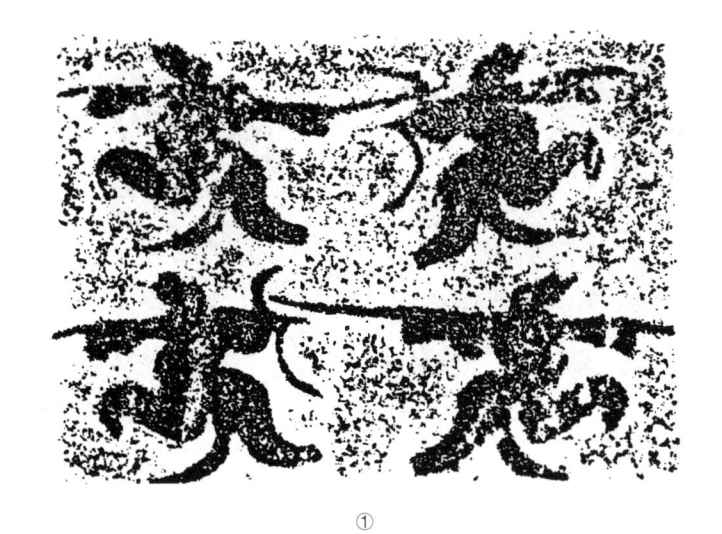

① 武士·对练，汉画像石，陕西神木
② 武士·对练，汉画像石，陕西绥德
③ 武士·搏击，汉画像石，陕西靖边

① 武士·演武，汉画像石棺，四川郫县
② 武士·比武，汉画像石棺，重庆璧山
③ 武士·斗虎，汉画像石，河南南阳

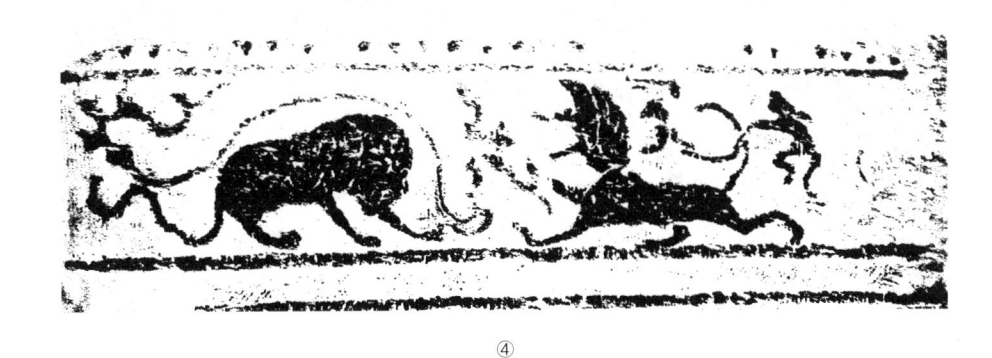

① 武士·斗熊，汉画像石，河南南阳麒麟岗
② 武士·斗兽，汉画像石，河南南阳溧河
③ 武士·斗兽，汉画像石，河南南阳
④ 武士·斗虎牛，汉画像石，河南南阳

① 武士·斗虎，汉画像石，河南唐河
② 武士·斗虎，汉画像石，河南唐河
③ 武士·斗虎，汉画像石，河南唐河

① 武士·斗牛虎，汉画像砖，河南新野下青羊
② 武士·山林斗兽，汉画像砖，河南许昌
③ 武士·山林斗兽，汉画像砖，河南许昌

① 武士·斗牛，汉画像石，河南南阳
② 武士·斗牛，汉画像石，河南方城
③ 武士·斗牛，汉画像砖，河南郑州

①

②

③

武士

① 武士·斗牛，汉画像砖，河南郑州
② 武士·斗牛，汉画像石，山东滕州
③ 武士·斗牛，汉画像石，山东滕州

① 武士·斗兽，汉画像石，山东嘉祥
② 武士·斗兽，汉画像石，山东嘉祥

① 武士·斗兽，汉画像石，山东微山
② 武士·斗兽，汉画像石，山东邹城
③ 武士·斗兽，汉画像石，山东邹城

① 武士·斗兽，汉画像石，山东济南
② 武士·斗兽，汉画像石，山东邹城

① 武士・伏虎，汉画像石，山东滕州
② 武士・戏犬，汉画像石，山东诸城
③ 武士・斗兽，汉画像石棺，四川合江

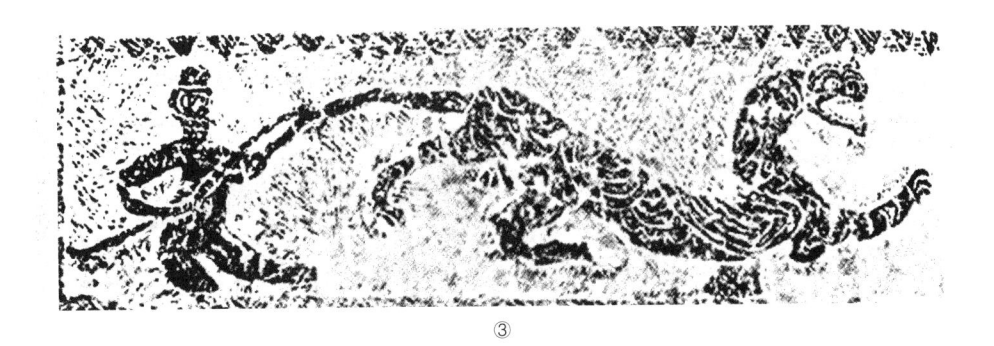

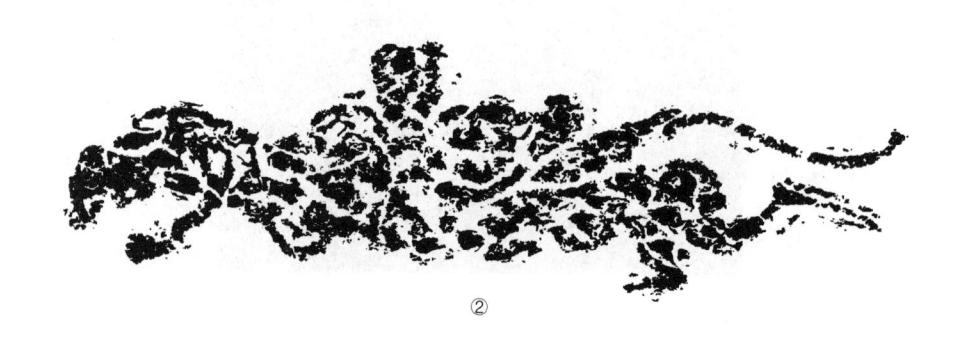

① 武士·斗虎，汉画像石，江苏徐州
② 武士·斗兽，汉画像砖，河南许昌
③ 武士·搏虎，汉画像砖，河南禹州

① 武士·斗兽，汉画像砖，河南许昌
② 武士·斗兽，汉画像砖，河南郑州

①

②

① 武士·斗兽，汉画像砖，河南郑州
② 武士·斗兽，汉画像砖，河南郑州

武士

① 武士·扛坛，汉画像石，河南南阳
② 武士·提坛，汉画像石，河南方城
③ 武士·扛坛，汉画像石，河南方城

① 武士，汉画像石，河南南阳
② 武士，汉画像石，河南南阳

① 武士，汉画像石，河南南阳
② 武士，汉画像石，河南方城

① 武士，汉画像石，河南唐河
② 武士，汉画像石，河南唐河

① 武士·力士，汉画像石，河南唐河
② 武士·力士，汉画像砖，河南周口

① 武士，汉画像石，河南方城
② 武士，汉画像砖，河南洛阳
③ 武士·席地，汉画像砖，河南新野

① 武士，汉画像砖，河南新野
② 武士·拔树，汉画像石，山东滕州

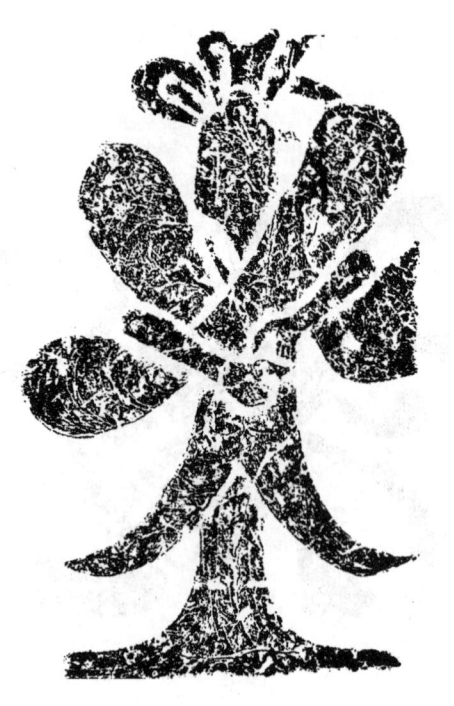

① 武士，汉画像石，山东费县
② 武士，汉画像石，山东安丘
③ 武士，汉画像石，山东费县

① 武士·力士，汉画像石，山东嘉祥
② 武士·拔树，汉画像石，山东嘉祥
③ 武士，汉画像石，山东嘉祥

① 武士·力士，汉画像石，山东滕州
② 武士，汉画像石，山东滕州
③ 武士·力士，汉画像石，山东莒县

① 武士，汉画像石，山东微山两城镇
② 武士·力士，汉画像石，山东邹城
③ 武士·力士，汉画像石，江苏徐州

① 武士·力士，汉画像石，江苏睢宁
② 武士，汉画像石，安徽淮北

① 武士，汉画像石，江苏徐州
② 武士，汉画像石，安徽宿州褚兰镇
③ 武士，汉画像石，安徽宿州褚兰镇

① 武士·力士，汉画像石，安徽淮北
② 武士·力士，汉画像石，安徽淮北
③ 武士·力士，汉画像石，安徽淮北
④ 武士·力士，汉画像石，安徽淮北

① ②

① 武士·执物，汉画像砖，安徽萧县
② 武士·执物，汉画像砖，安徽萧县

武士

① 武士，汉画像砖，安徽萧县
② 武士·力士，汉画像砖，安徽萧县
③ 武士·执旗，汉画像砖，安徽萧县
④ 武士·执物，汉画像砖，安徽萧县

① 武士·执物，汉画像砖，安徽萧县
② 武士·执物，汉画像砖，安徽萧县
③ 武士·执物，汉画像砖，安徽萧县
④ 武士·执物，汉画像砖，安徽萧县

① 武士，汉画像石，陕西横山
② 武士，汉画像石，陕西绥德

武士

① 武士，汉画像石，山西离石
② 武士，汉画像砖，山东金乡
③ 武士，汉画像石函，四川新津

① 武士·力士，汉画像石棺，四川三台
② 武士·升鼎，汉画像石棺，四川泸州

① 武士，汉画像砖，四川彭州
② 武士，汉画像砖，四川德阳

狩猎

① 狩猎·射牛，汉画像石，河南南阳麒麟岗

① 狩猎，汉画像石，河南南阳邢营
② 狩猎，汉画像砖，河南郑州
③ 狩猎，汉画像石，河南南阳英庄
④ 狩猎·巡游狩猎，汉画像石，河南南阳七孔桥

① 狩猎·狩猎与舞乐，汉画像石，河南南阳七孔桥
② 狩猎，汉画像石，河南南阳王庄
③ 狩猎，汉画像砖，河南唐河

① 狩猎，汉画像砖，河南方城
② 狩猎，汉画像石，河南南阳英庄
③ 狩猎·山林狩猎，汉画像砖，河南郑州

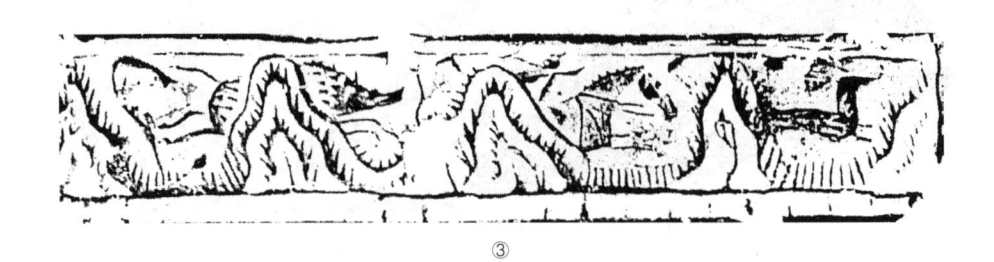

① 狩猎·山林射猎，汉画像砖，河南郑州
② 狩猎·山林狩猎，汉画像砖，河南郑州
③ 狩猎·山林狩猎，汉画像砖，河南郑州

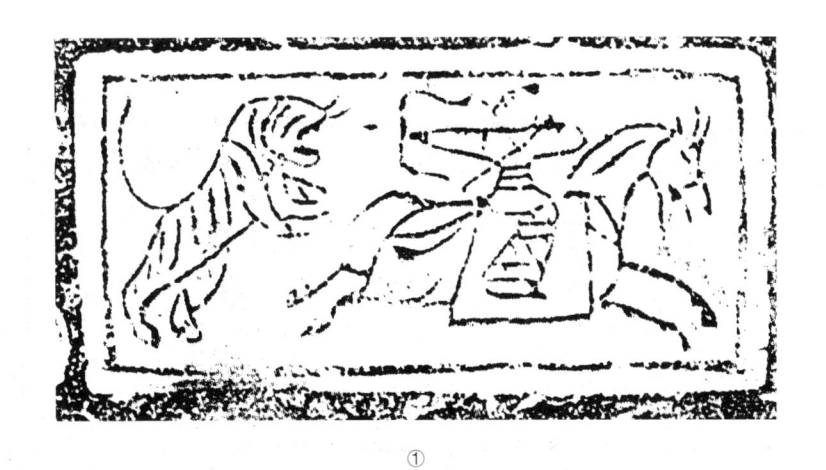

① 狩猎·射虎，汉画像砖，河南新密
② 狩猎·山林狩猎，汉画像砖，河南郑州
③ 狩猎·山林射猎，汉画像砖，河南郑州

① 狩猎·山林射猎，汉画像砖，河南许昌
② 狩猎·山林狩猎，汉画像砖，河南鄢陵
③ 狩猎·山林狩猎，汉画像砖，河南西华

① 狩猎·山林射猎，汉画像砖，河南邓州
② 狩猎·山林狩猎，汉画像砖，河南尉氏
③ 狩猎·山林射猎，汉画像砖，河南许昌

① 狩猎，汉画像石，陕西绥德
② 狩猎，汉画像石，陕西绥德
③ 狩猎，汉画像石，陕西绥德

① 狩猎·放牧，汉画像石，陕西绥德白家山
② 狩猎·战争放牧，汉画像石，陕西绥德白家山

① 狩猎·树下射猎，汉画像石，陕西绥德
② 狩猎·树下射猎，汉画像石，陕西绥德

①

②

●……狩猎

●……353

① 狩猎·树下射猎，汉画像石，陕西绥德
② 狩猎·射猎，汉画像石，陕西榆林

① 狩猎·树下射猎，汉画像石，江苏睢宁
② 狩猎·群山，汉画像石，江苏徐州

①

②

狩猎

① 狩猎，汉画像石，江苏邳州
② 狩猎，汉画像石，安徽淮北

① 狩猎·射猎，汉画像石，安徽淮北
② 狩猎，汉画像石，山东嘉祥

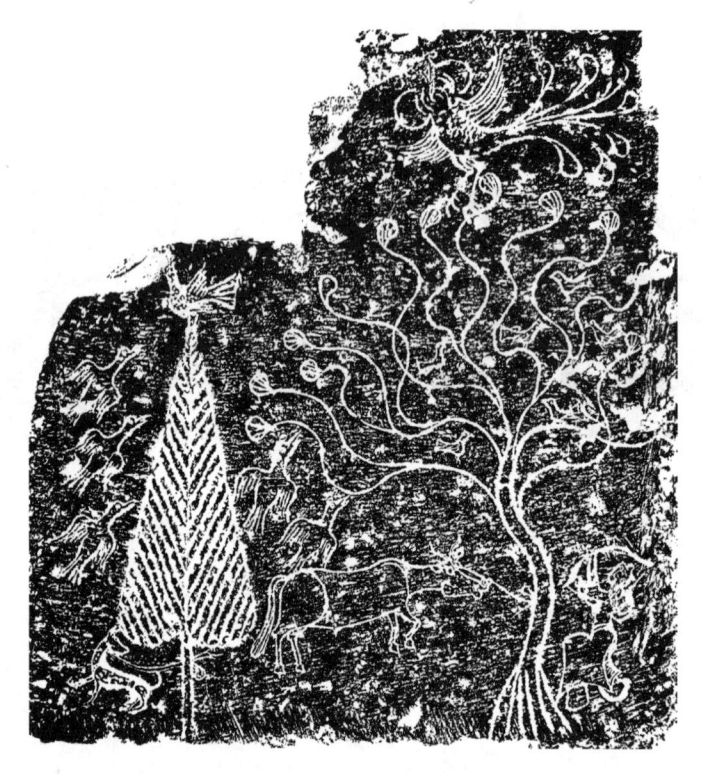

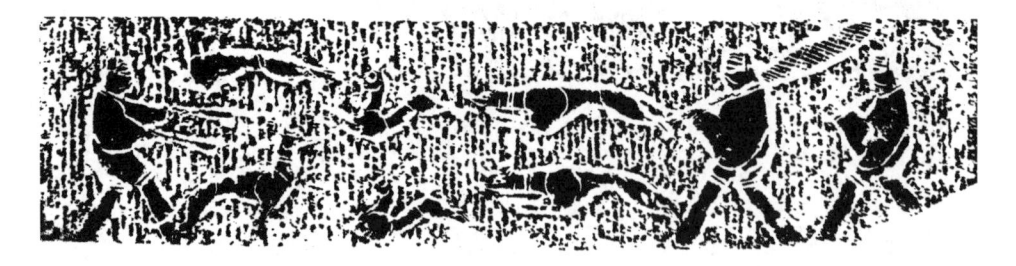

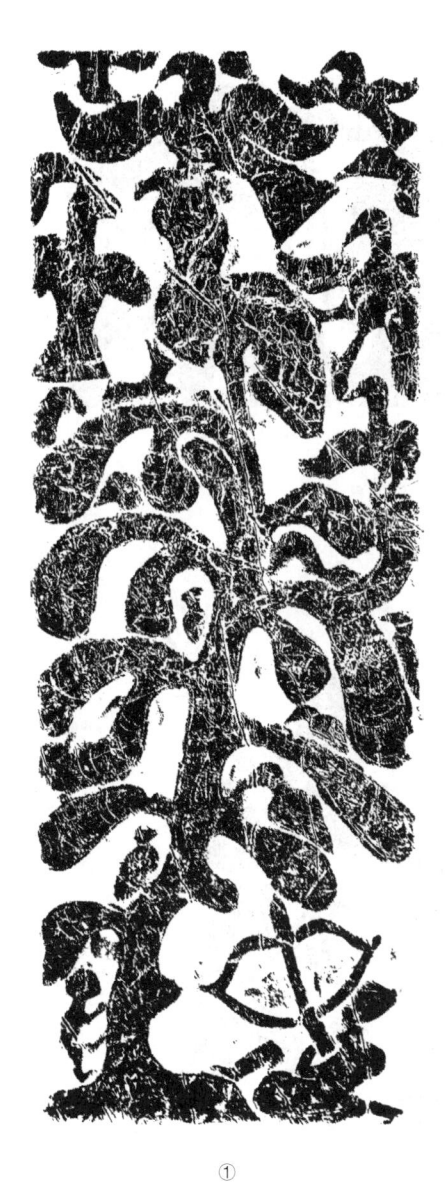

① 狩猎·树下射猎，汉画像石，山东莒县
② 狩猎·射猎，汉画像石，山东枣庄

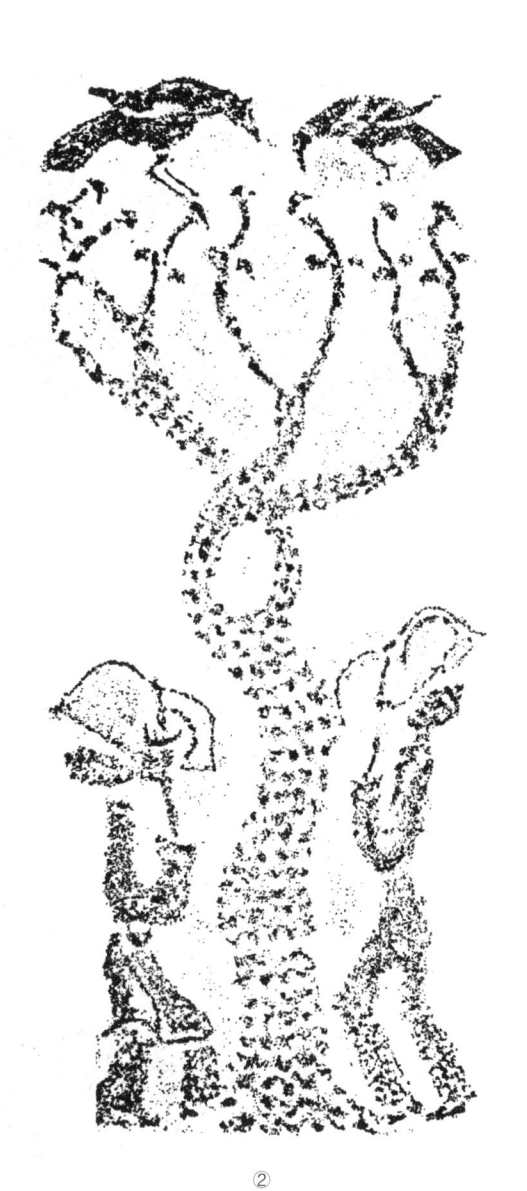

① 狩猎·射猎，汉画像石，山东莒县
② 狩猎·猎人，汉画像石，山东苍山

① 狩猎·山林狩猎，汉画像石，山东嘉祥宋山
② 狩猎·山中狩猎，汉画像石，山东费县
③ 狩猎，汉画像石，山东邹城

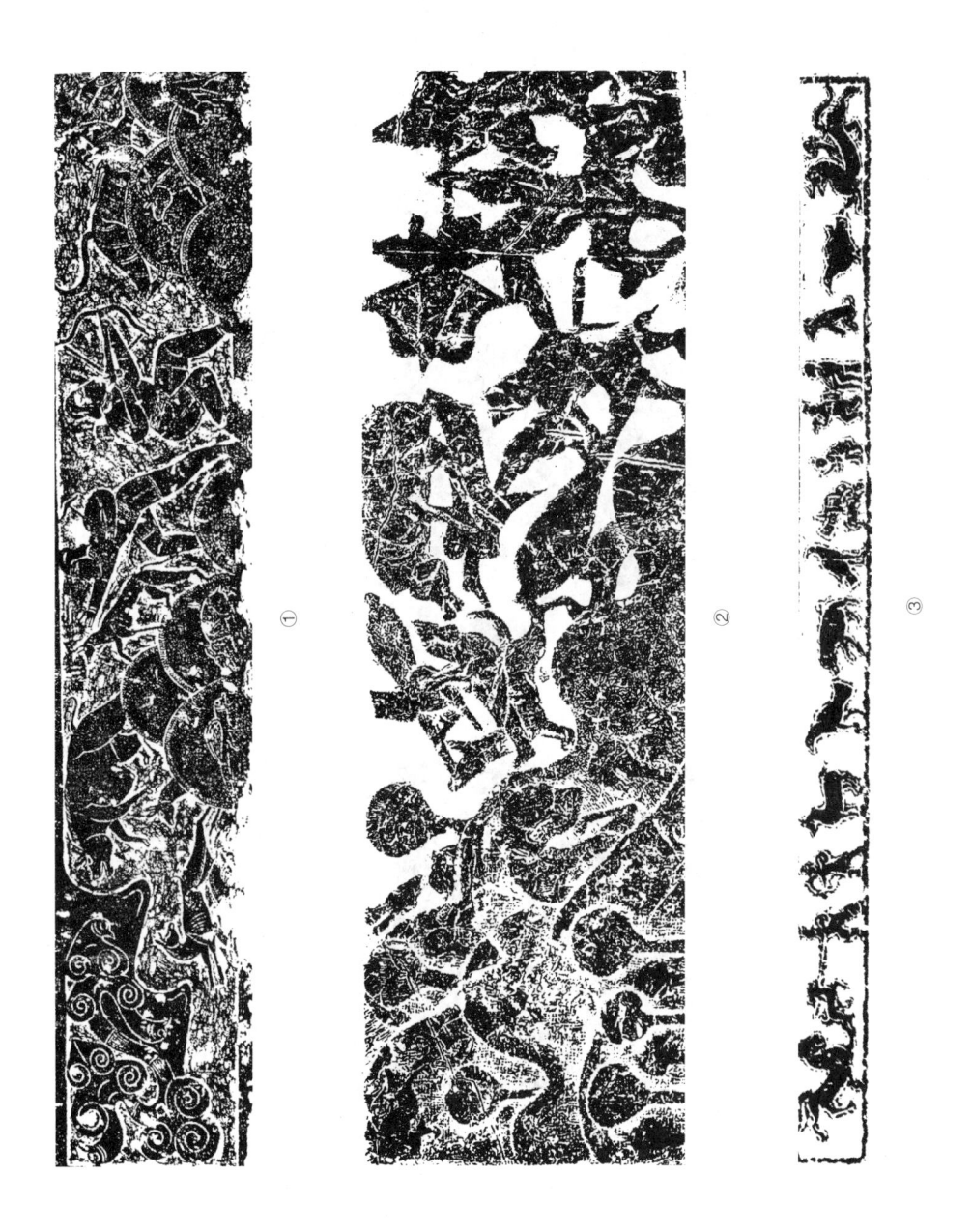

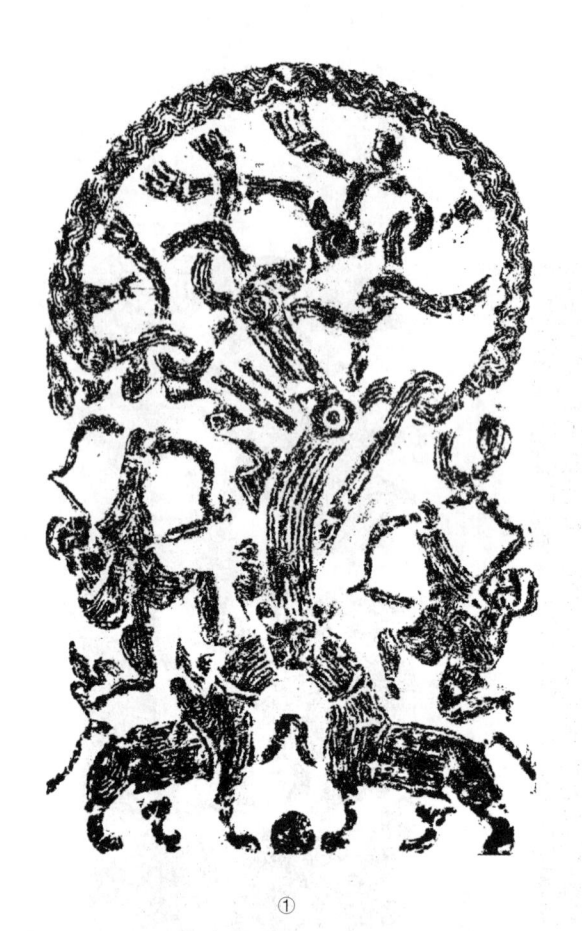

① 狩猎·仙树射猎，汉画像石，山东邹城
② 狩猎·树下射猎，汉画像石，山东微山两城镇

① 狩猎·树下射猎，汉画像石，山东微山

① 狩猎·树下射猎，汉画像石，山东微山两城镇
② 狩猎，汉画像石，山东微山两城镇

① 狩猎，汉画像石，山东微山两城镇
② 狩猎，汉画像石，山东临沂
③ 狩猎，汉画像石，山东安丘

① 狩猎·树下射猎，汉画像石，山东滕州孔集
② 狩猎·树下射猎，汉画像石，山东肥城

战争

① 战争，汉画像石，安徽淮北

① 战争，汉画像石，陕西绥德
② 战争·凯旋，汉画像石，陕西绥德

①

②

战争

① 战争·俘虏，汉画像石，陕西绥德
② 战争·山林行军，汉画像砖，河南郑州

① 战争·山中行军，汉画像砖，河南平顶山
② 战争，汉画像石，山东邹城高李村

① 战争·胡汉战争，汉画像石，山东邹城
② 战争·胡汉战争，汉画像石，山东邹城

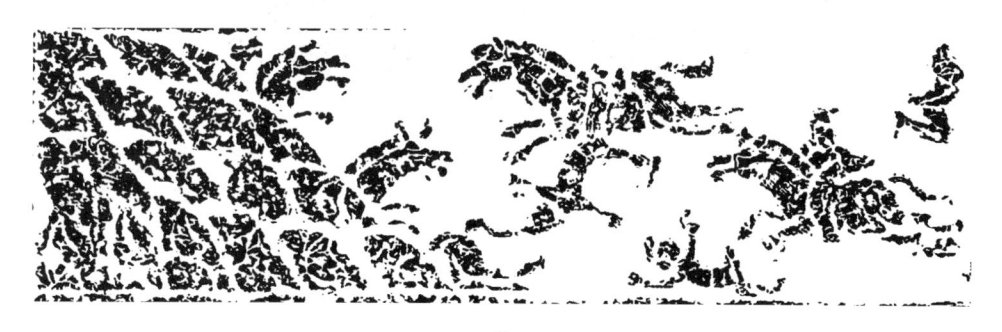

① 战争·山中藏兵，汉画像石，山东邹城

······ 战争

① 战争，汉画像石，山东嘉祥
② 战争，汉画像石，山东嘉祥

妇女

① 妇女·侍女，汉画像石，河南南阳

① 妇女·执伞，汉画像砖，河南郑州
② 妇女，汉画像砖，河南许昌
③ 妇女·贵妇，汉画像石，河南南阳麒麟岗
④ 妇女·贵妇，汉画像石，河南南阳麒麟岗

① 妇女·侍女，汉画像石，河南方城
② 妇女·侍女，汉画像石，河南南阳

① 妇女·跪坐侍女，汉画像石，河南南阳
② 妇女·执镜侍女，汉画像石，河南南阳
③ 妇女·提罐侍女，汉画像石，河南南阳
④ 妇女·提罐侍女，汉画像石，河南南阳
⑤ 妇女·提罐侍女，汉画像石，河南南阳

① 妇女·侍女，汉画像石，河南方城
② 妇女·侍女，汉画像石，河南方城
③ 妇女·侍女，汉画像石，河南方城
④ 妇女·侍女，汉画像石，河南方城
⑤ 妇女，汉画像石，河南方城
⑥ 妇女·捧炉，汉画像石，河南南阳

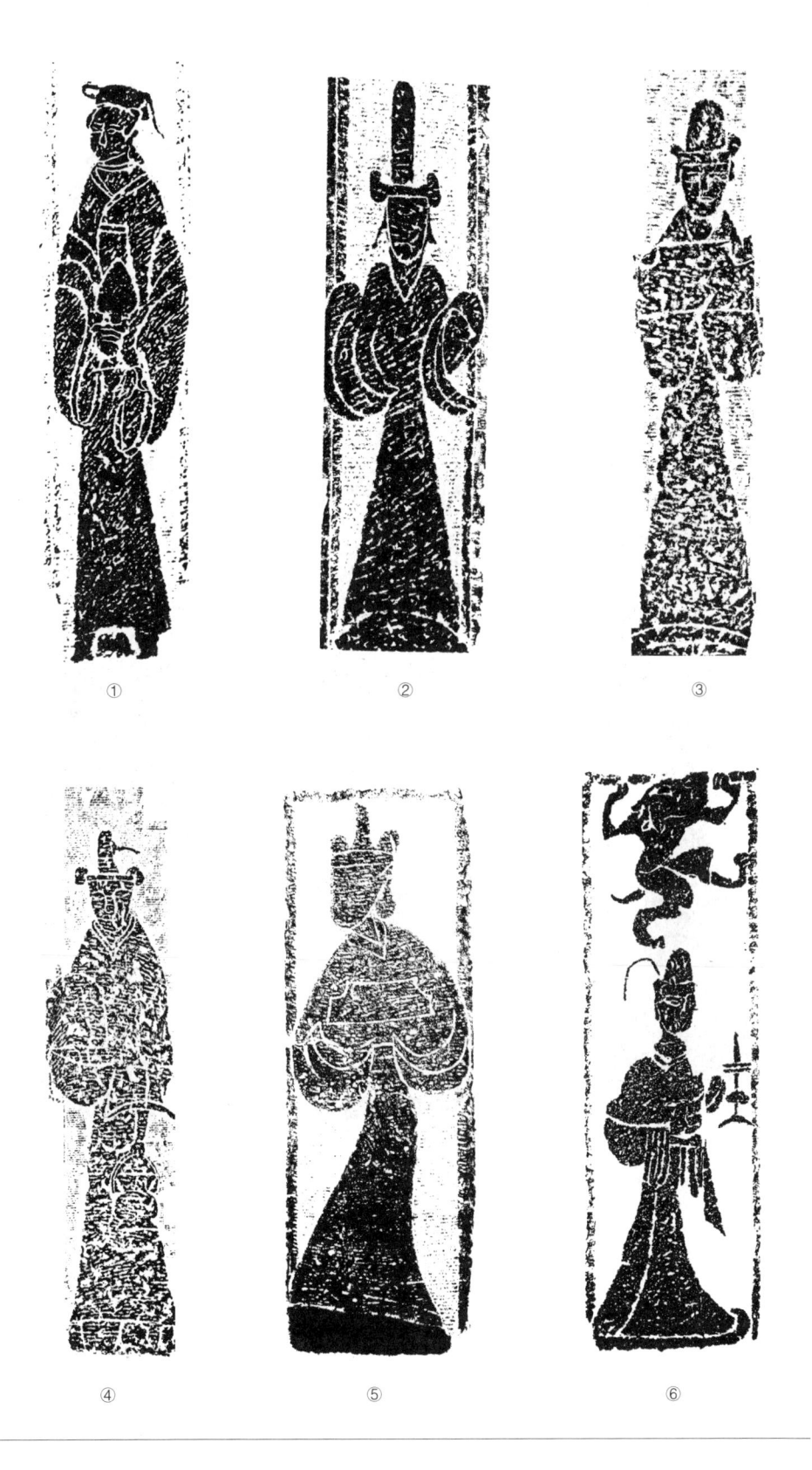

① 妇女·捧炉，汉画像石，河南南阳
② 妇女，汉画像石，河南南阳
③ 妇女·侍女，汉画像石，河南南阳
④ 妇女·侍女，汉画像石，河南南阳
⑤ 妇女·侍女，汉画像石，河南南阳
⑥ 妇女·侍女，汉画像石，河南南阳

① 妇女·侍女，汉画像石，河南南阳
② 妇女·侍女，汉画像石，河南南阳
③ 妇女·侍女，汉画像石，河南南阳

① 妇女·拥彗侍女，汉画像石，河南南阳
② 妇女·侍女，汉画像石，河南南阳
③ 妇女，汉画像石，河南南阳
④ 妇女·佩剑，汉画像砖，河南郑州

① 妇女·贵妇，汉画像石，河南南阳
② 妇女，汉画像石，河南新密
③ 妇女·贵妇，汉画像石，河南新密

① 妇女·贵妇，汉画像石，河南新密
② 妇女·舞女，汉画像砖，河南新野

① 妇女·跪坐，汉画像石，江苏徐州
② 妇女·跪坐，汉画像石，江苏徐州
③ 妇女·侍女，汉画像石，江苏徐州
④ 妇女·侍女，汉画像石，江苏徐州

① 妇女，汉画像石，江苏徐州
② 妇女，汉画像石，江苏徐州
③ 妇女·舞女，汉画像石，江苏徐州

① 妇女·贵妇，汉画像石，江苏睢宁
② 妇女·贵妇，汉画像石，江苏睢宁
③ 妇女，汉画像石，山东济宁
④ 妇女·跪坐，汉画像石，山东嘉祥

①

②

① 妇女·众美人，汉画像石，山东嘉祥武氏祠
② 妇女·众美人，汉画像石，山东微山

① 妇女，汉画像石，山东微山
② 妇女，汉画像石，山东微山
③ 妇女，汉画像石，山东微山

① 妇女·贵妇，汉画像石，山东金乡
② 妇女·贵妇，汉画像石，山东金乡
③ 妇女·贵妇，汉画像石，山东滕州

① 妇女·执扇，汉画像石，山东滕州
② 妇女·舞女，汉画像石，山东章丘
③ 妇女·舞女，汉画像石，山东章丘
④ 妇女·舞女，汉画像石，山东章丘

① 妇女·舞女，汉画像石，山东邹城
② 妇女，汉画像石，山东新泰
③ 妇女·贵妇，汉画像石，山东费县

① 妇女·贵妇，汉画像石，山东沂南北寨

① 妇女，汉墓壁画，山东东平后屯
② 妇女，汉墓壁画，山东东平后屯

①妇女，汉墓壁画，山东东平后屯
②妇女，汉墓壁画，山东东平后屯
③妇女，汉墓壁画，山东东平后屯

① 妇女，汉画像石，陕西榆林
② 妇女，汉画像石，陕西榆林
③ 妇女，汉画像石，陕西榆林
④ 妇女，汉画像石，陕西榆林
⑤ 妇女·跪坐，汉画像石，陕西榆林
⑥ 妇女·贵妇，汉画像石，陕西绥德

① 妇女·贵妇，汉画像石，陕西绥德
② 妇女·夫人与孩童，汉画像石，陕西绥德

① 妇女·贵妇，汉画像石，陕西绥德
② 妇女，汉画像石，陕西绥德
③ 妇女·丽人行，汉画像石，江苏徐州

① 妇女·跪坐，汉画像石，安徽淮北
② 妇女，汉画像石，安徽宿州
③ 妇女，汉画像石，安徽宿州

① 妇女·众美人，汉画像石，安徽宿州褚兰镇
② 妇女·众舞女，汉画像石，安徽宿州褚兰镇
③ 妇女·众美人，汉画像石，安徽淮北

① 妇女，汉画像石棺，四川泸州
② 妇女·侍女，汉画像石棺，四川宜宾
③ 妇女·侍女，汉画像石棺，四川南溪
④ 妇女，汉画像石棺，四川长宁

① 妇女·侍女，汉崖墓画像石，四川中江
② 妇女，汉代漆绘，湖北襄阳

农事

① 农事·农作，汉画像砖，四川德阳

① 农事·弋射收获，汉画像砖，四川大邑

① 农事·渔射收获，汉画像砖，四川绵竹
② 农事·农作，汉画像砖，四川成都

① 农事·播种，汉画像砖，四川成都
② 农事·舂米，汉画像砖，四川新都
③ 农事·捕鱼农作，汉画像砖，四川彭州

① 农事·牛耕，汉画像石，陕西绥德
② 农事·牛耕，汉画像石，陕西绥德

① 农事·牛耕,汉画像石,陕西绥德
② 农事·牛耕,汉画像石,陕西绥德

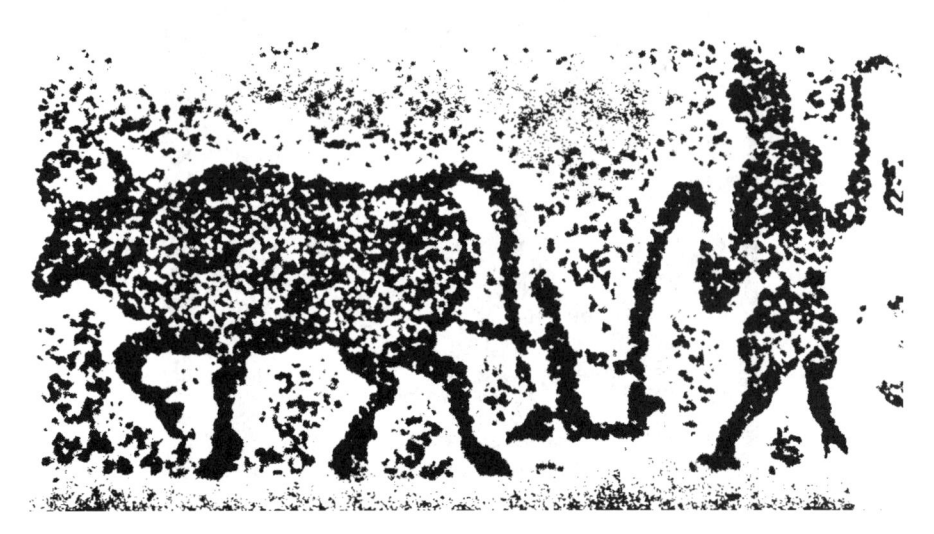

① 农事·锄地，汉画像石，陕西绥德

① 农事·牛耕，汉画像石，陕西绥德
② 农事·牛耕，汉画像石，陕西横山

① 农事·牛耕，汉画像石，陕西靖边
② 农事·牛耕，汉画像石，陕西榆林

① 农事・马耕，汉画像石，陕西榆林
② 农事・劳作，汉画像石，陕西榆林
③ 农事・劳作，汉画像石，陕西榆林

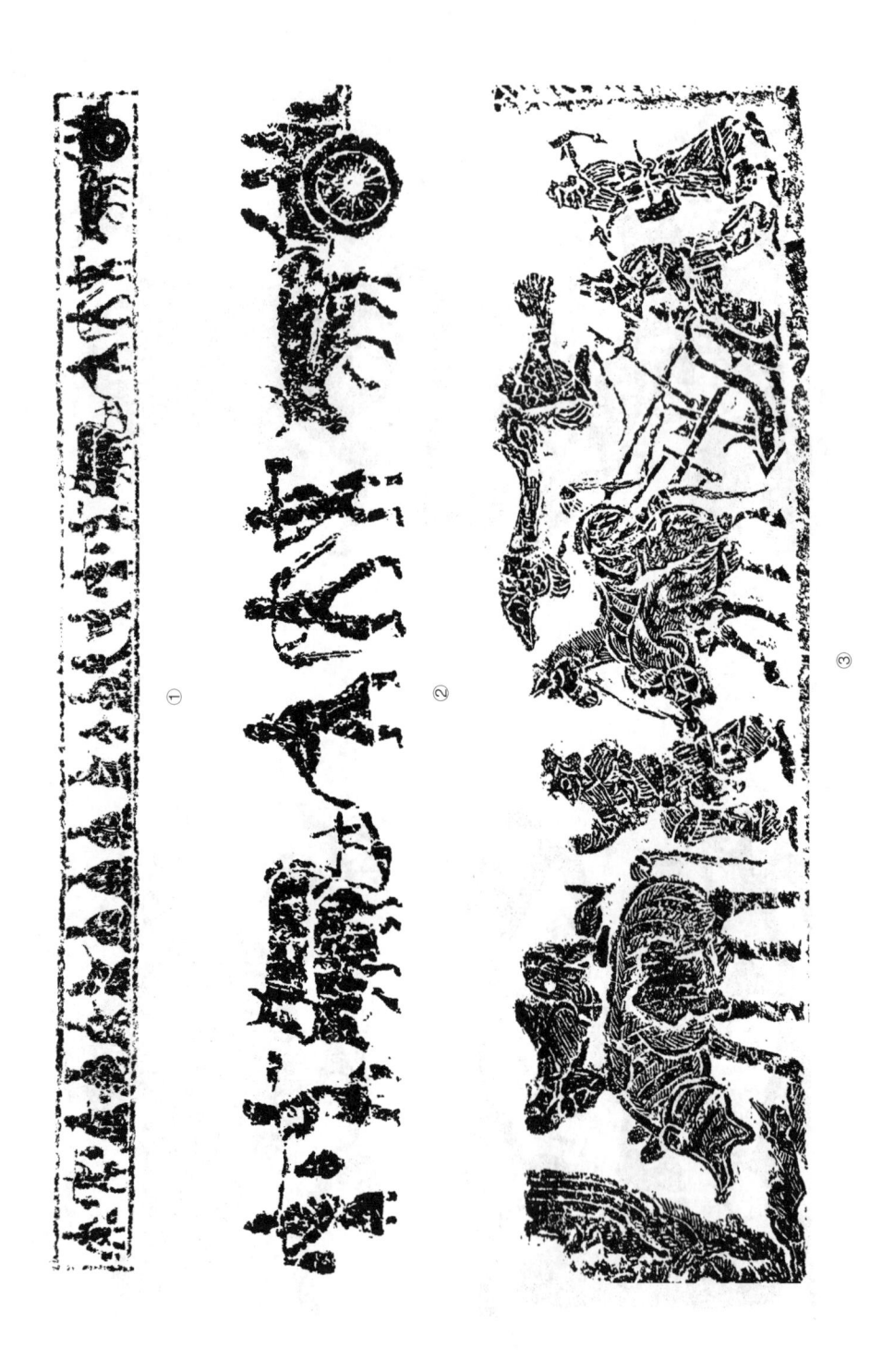

① 农事，汉画像石，山东邹城
② 农事·农耕，汉画像石，山东邹城
③ 农事·农耕，汉画像石，山东滕州

①

②

① 农事·农耕，汉画像石，山东金乡
② 农事·耕地，汉画像石，安徽萧县

① 农事·牛耕，汉画像石，江苏睢宁双沟
② 农事·农作，汉画像石，河南南阳邢营

百工

① 百工·纺织，汉画像石，安徽宿州褚兰镇

① 百工·纺织，汉画像石，安徽淮北
② 百工·纺织，汉画像石，安徽灵璧

① 百工·纺织，汉画像石，安徽萧县
② 百工·纺织，汉画像石，江苏徐州
③ 百工·纺织，汉画像石，江苏徐州

① 百工·纺织，汉画像石，四川成都
② 百工·纺织，汉画像石，四川成都

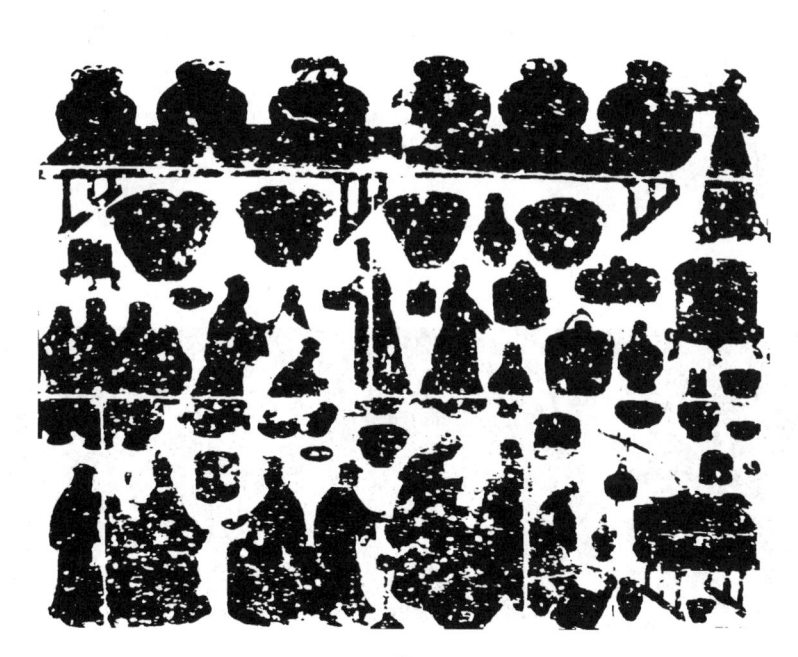

① 百工·酿酒，汉画像石，山东沂南北寨
② 百工·制豆腐，汉画像石，河南新密打虎亭

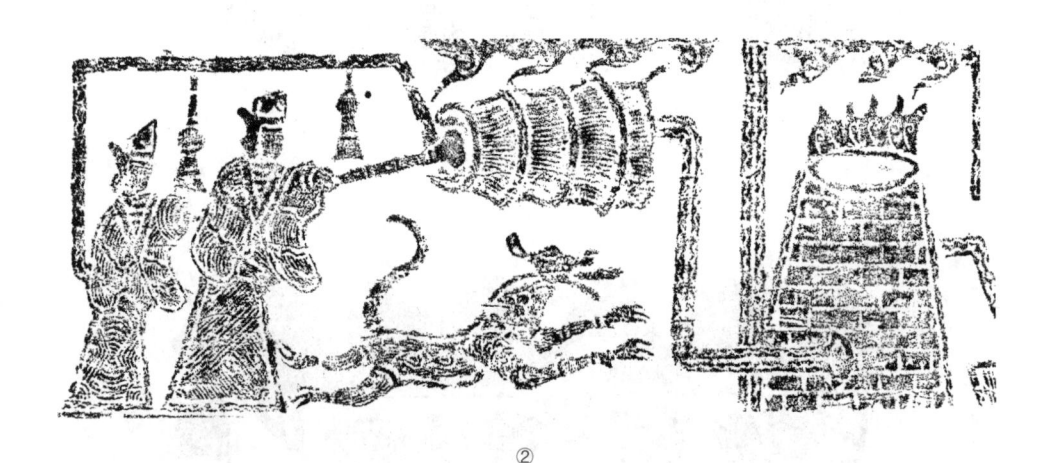

① 百工·铸剑，汉画像石，陕西横山
② 百工·冶炼，汉画像石，山东枣庄
③ 百工·制轮酿酒，汉画像石，山东嘉祥

① 百工·制轮，汉画像石，山东邹城
② 百工·制盐，汉画像砖，四川邛崃

捕鱼

① 捕鱼，汉画像石，江苏徐州

捕鱼

① 捕鱼，汉画像石，山东苍山
② 捕鱼，汉画像石，山东苍山
③ 捕鱼，汉画像石，河南南阳英庄

① 捕鱼·抓鱼，汉画像石，山东邹城
② 捕鱼·钓鱼，汉画像石，四川射洪

① 捕鱼，汉画像石，四川郫县
② 捕鱼，汉画像砖，重庆城口
③ 捕鱼，汉画像石，安徽宿州

① 捕鱼·竹排鱼鹰，汉画像砖，四川新都
② 捕鱼，汉画像石，安徽宿州褚兰镇

庖厨

① 庖厨，汉画像石，山东嘉祥

① 庖厨，汉画像石，山东嘉祥
② 庖厨，汉画像石，山东嘉祥
③ 庖厨，汉画像石，山东嘉祥

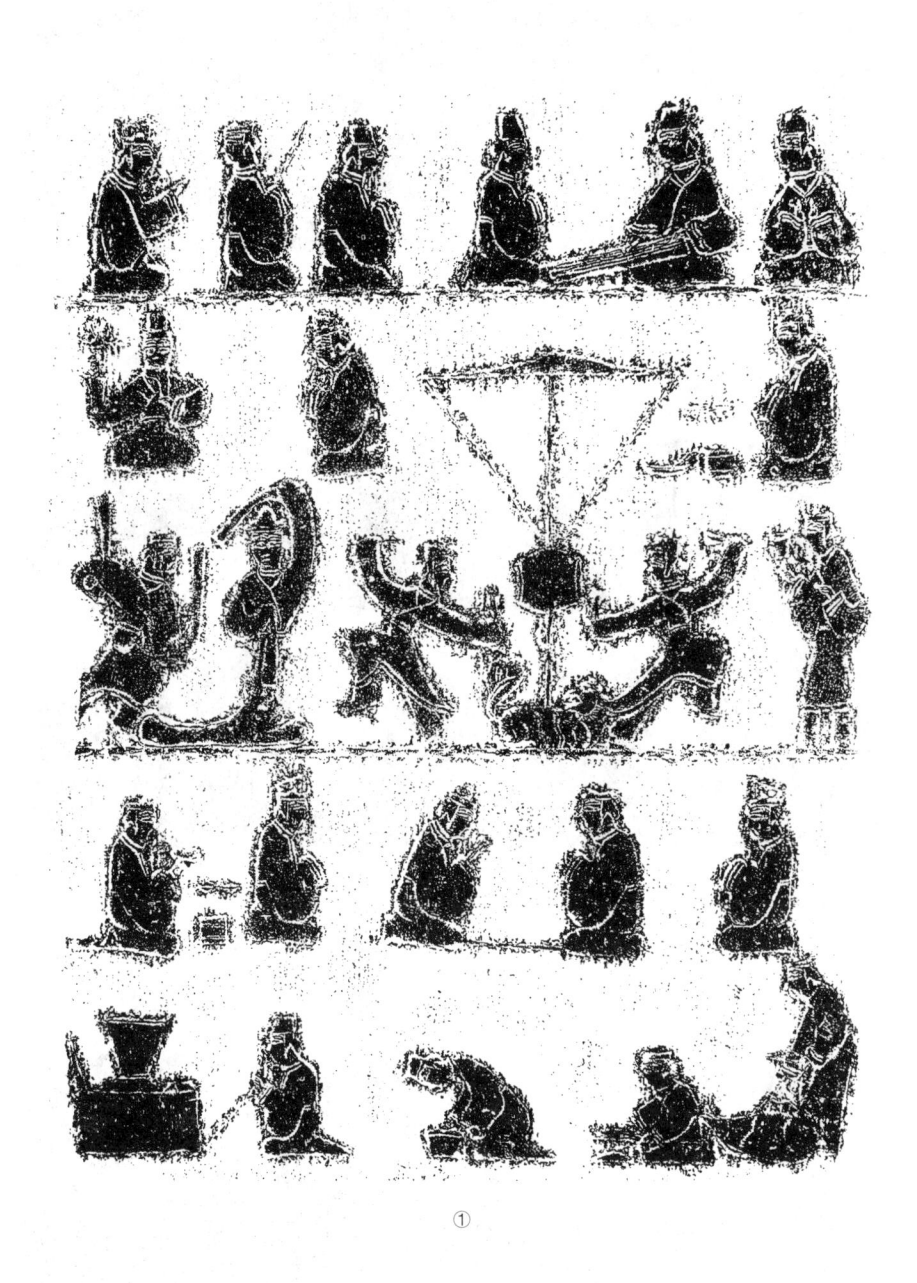

庖厨

① 庖厨·乐舞庖厨，汉画像石，山东嘉祥

① 庖厨，汉画像石，山东嘉祥宋山
② 庖厨，汉画像石，山东嘉祥宋山
③ 庖厨，汉画像石，山东临沂白庄

①庖厨，汉画像石，山东临沂白庄
②庖厨，汉画像石，山东泰安大汶口
③庖厨·杀猪，汉画像石，山东泰安大汶口

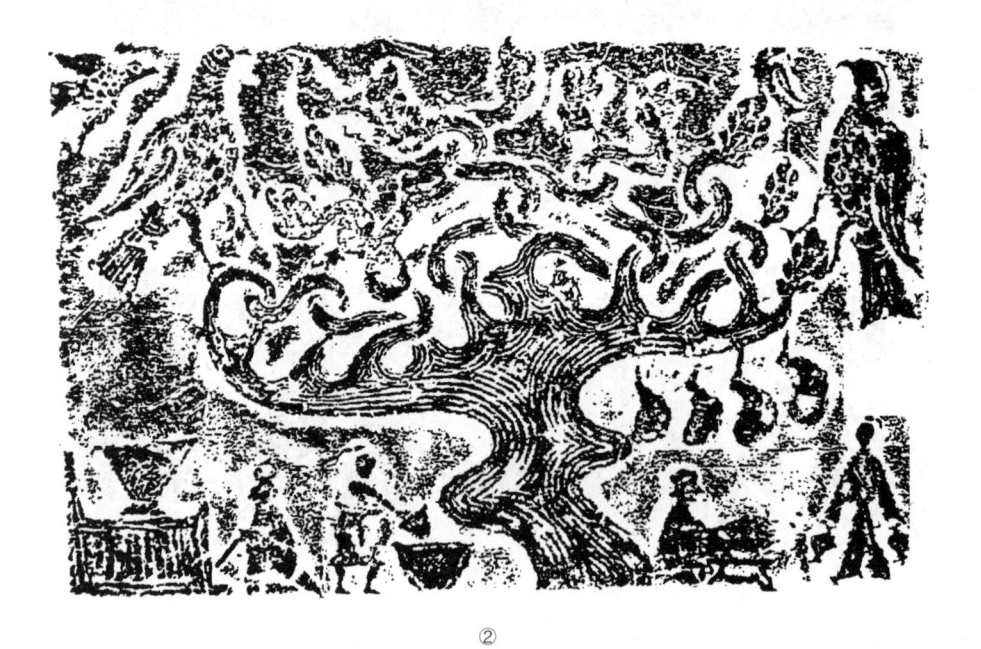

① 庖厨，汉画像石，山东滕州
② 庖厨·树下庖厨，汉画像石，山东微山

① 庖厨，汉画像石，山东滕州
② 庖厨，汉画像石，山东邹城

① 庖厨·抬鹿，汉画像石，山东滕州西户口
② 庖厨，汉画像石，山东章丘

① 庖厨·烤鱼烤肉，汉画像石，山东沂南北寨

① 庖厨·宰牛，汉画像石，山东沂南北寨
② 庖厨·抬猪，汉画像石，山东沂南北寨

① 庖厨，汉画像石，山东邹城
② 庖厨·烧火，汉画像石，山东沂南北寨
③ 庖厨，汉画像石，江苏徐州

① 庖厨，汉画像石，江苏徐州
② 庖厨，汉画像石，江苏徐州
③ 庖厨，汉画像石，江苏徐州

① 庖厨，汉画像石，江苏徐州
② 庖厨，汉画像石，江苏徐州

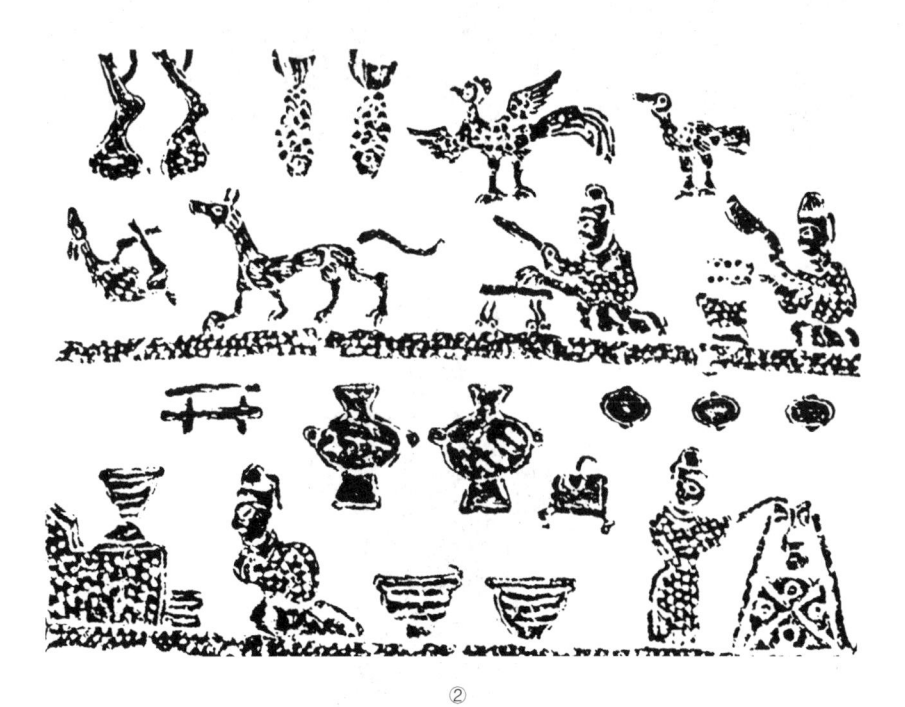

① 庖厨，汉画像石，江苏睢宁
② 庖厨·劳作，汉画像石，江苏睢宁
③ 庖厨·挑水，汉画像石，江苏睢宁

① 庖厨，汉画像石，安徽宿州褚兰镇
② 庖厨，汉画像石，安徽宿州褚兰镇
③ 庖厨，汉画像石，安徽宿州

① 庖厨，汉画像石，安徽萧县
② 庖厨·抬猪，汉画像石，安徽淮北
③ 庖厨·烤羊，汉画像石，陕西绥德

① 庖厨，汉画像石，陕西横山
② 庖厨·挤羊奶，汉画像石，陕西横山
③ 庖厨·挤牛奶，汉画像石，陕西横山
④ 庖厨·烤肉，汉画像石，陕西绥德

① 庖厨·杀猪，汉画像石，陕西绥德
② 庖厨·烧火，汉画像石，陕西绥德

①

②

庖厨

① 庖厨·烧火，汉画像石，陕西绥德
② 庖厨·提水，汉画像石，陕西绥德

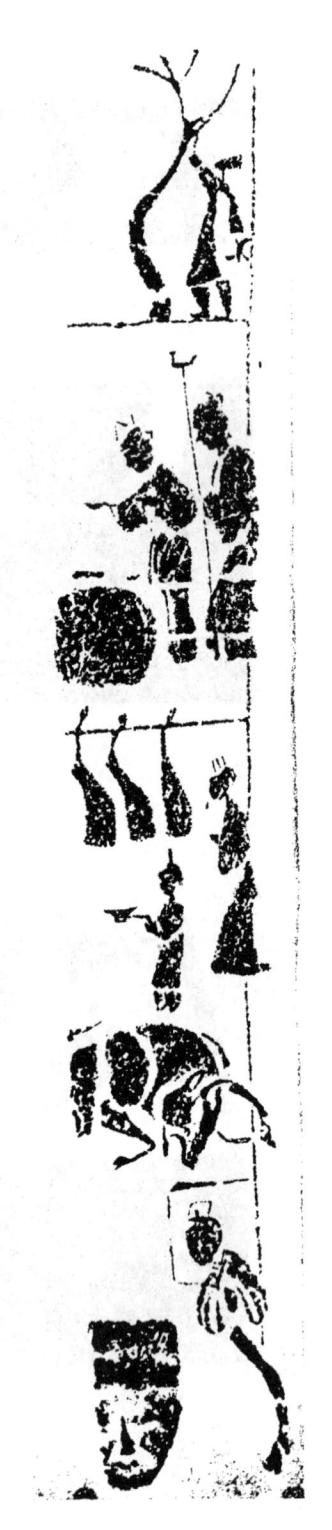

① 庖厨，汉画像砖，河南新野
② 庖厨，汉画像砖，河南新野

① 庖厨，汉画像石，河南南阳英庄
② 庖厨·送膳，汉画像石，河南新密打虎亭

① 庖厨·提水，汉画像石，四川成都

①庖厨·烧火，汉画像石，四川成都
②庖厨，汉代铜镜，湖南长沙

放牧

① 放牧，汉画像石，陕西绥德

① 放牧，汉画像石，陕西绥德百家山
② 放牧，汉画像石，陕西绥德

放牧

捕鸟

① 捕鸟，汉画像砖，四川新都

阉牛

① 阉牛,汉画像石,河南方城

① 阉牛，汉画像石，河南方城

拥彗

① 拥彗,汉画像石,河南南阳

①拥彗，汉画像石，河南方城
②拥彗，汉画像石，河南方城

① ② ③

拥彗

① 拥彗，汉画像石，河南方城
② 拥彗，汉画像石，河南方城
③ 拥彗，汉画像石，河南方城

① 拥彗，汉画像石，山东沂南北寨
② 拥彗，汉画像石，山东沂南北寨

① 拥彗，汉画像石，山东临沂
② 拥彗，汉画像石，山东临沂独树头镇
③ 拥彗，汉画像石，山东莒县
④ 拥彗，汉画像石，山东莒县

① 拥彗，汉画像石，山东济宁喻屯镇
② 拥彗，汉画像石，山东济宁喻屯镇

① 拥彗，汉画像石，安徽淮北
② 拥彗，汉画像石，安徽灵璧
③ 拥彗，汉画像石，安徽亳州
④ 拥彗，汉画像石，陕西清涧

① 拥彗，汉画像石，陕西清涧
② 拥彗，汉画像石，陕西清涧
③ 拥彗，汉画像石，陕西榆林

① 拥篲，汉画像石，陕西米脂官庄
② 拥篲，汉画像石，陕西米脂官庄
③ 拥篲，汉画像石，陕西榆林
④ 拥篲，汉画像石，陕西吴堡

① 拥彗，汉画像石，陕西榆林
② 拥彗，汉画像石，陕西榆林
③ 拥彗，汉画像石，陕西绥德
④ 拥彗，汉画像石，陕西绥德

①  ②  ③  ④

① 拥彗，汉画像石，陕西绥德
② 拥彗，汉画像石，陕西绥德
③ 拥彗，汉画像石，陕西绥德
④ 拥彗，汉画像石，陕西绥德

①  ②

③  ④

① 拥彗，汉画像石，陕西绥德
② 拥彗，汉画像石，陕西绥德
③ 拥彗，汉画像石，陕西绥德
④ 拥彗，汉画像石，陕西绥德

① 拥彗，汉画像石，陕西绥德
② 拥彗，汉画像石，陕西绥德
③ 拥彗，汉画像石，陕西绥德
④ 拥彗，汉画像石，陕西绥德

① 拥彗，汉画像石，陕西绥德
② 拥彗，汉画像石，陕西绥德
③ 拥彗，汉画像石，陕西绥德
④ 拥彗，汉画像石，陕西绥德

① 拥彗，汉画像石，陕西榆林
② 拥彗，汉画像石，陕西绥德
③ 拥彗，汉画像石，陕西米脂党家沟
④ 拥彗，汉画像石，山西离石

① 拥彗，汉画像石棺，四川芦山
② 拥彗，汉画像石，江苏睢宁
③ 拥彗，汉画像石，江苏睢宁
④ 拥彗，汉画像石，江苏睢宁

侍者

① 侍者・俑人，汉画像石棺，四川合江

① 侍者・杂役，汉代崖墓，四川新津

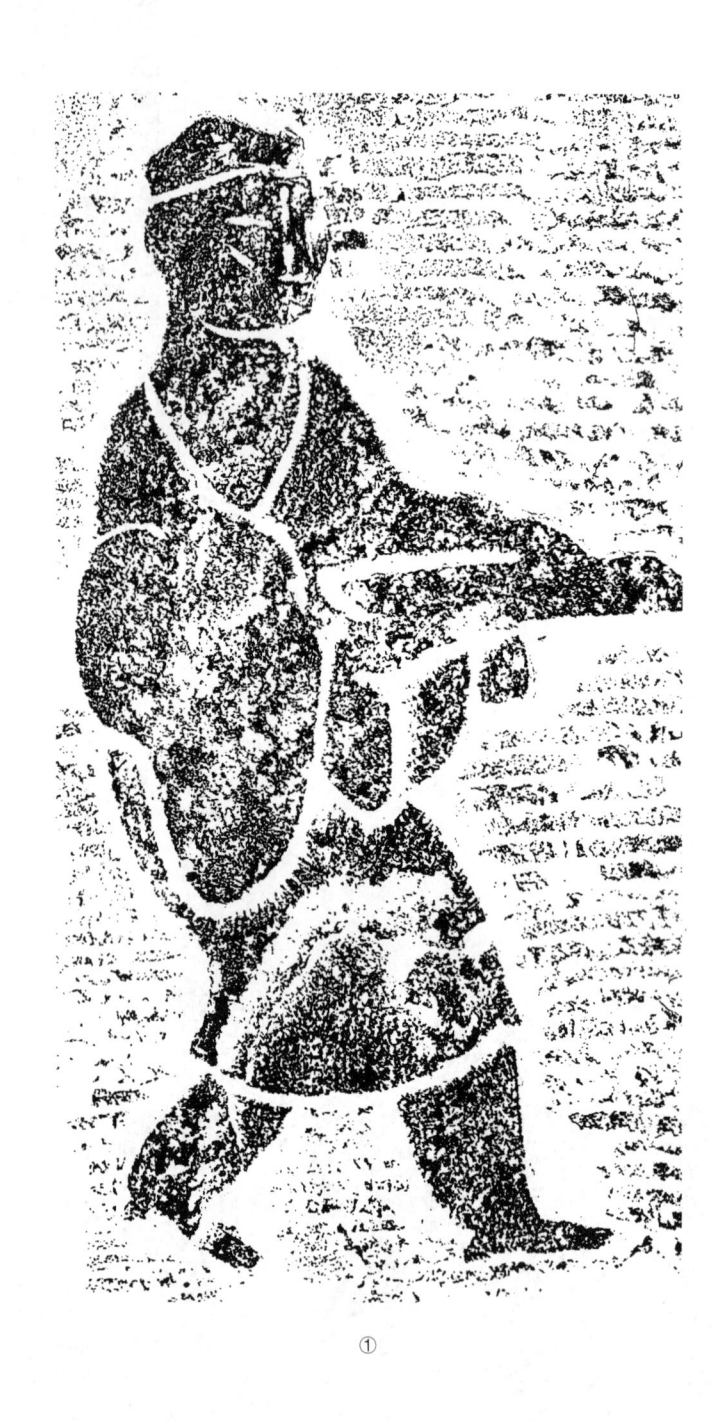

……侍者

① 侍者，汉画像砖，四川广汉
② 侍者·佣人，汉画像石，重庆璧山
③ 侍者·佣人，汉画像石，重庆璧山

① 侍者，汉画像石，山东临沂
② 侍者，汉画像石，山东临沂
③ 侍者，汉画像石，山东临沂

①

②

① 侍者，汉画像石，山东郯城
② 侍者，汉画像石，山东诸城

① 侍者，汉画像石，山东临沂
② 侍者，汉画像石，江苏睢宁
③ 侍者，汉画像石，安徽淮北
④ 侍者，汉画像石，安徽亳州

① 侍者,汉画像石,安徽淮北
② 侍者,汉画像石,安徽淮北

① 侍者，汉画像石，贵州金沙
② 侍者，汉画像石，贵州金沙

乞讨者

① 乞讨者，汉画像砖，河南新野樊集

老者

① 老者，汉画像砖，河南新野樊集

① 老者，汉画像砖，河南周口

宴饮

① 宴饮，汉画像石，山东临沂

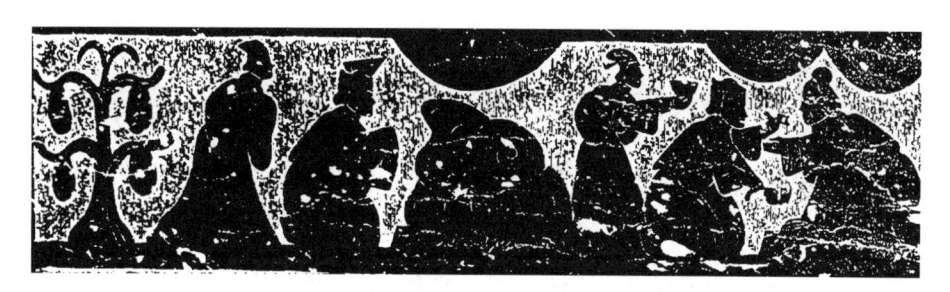

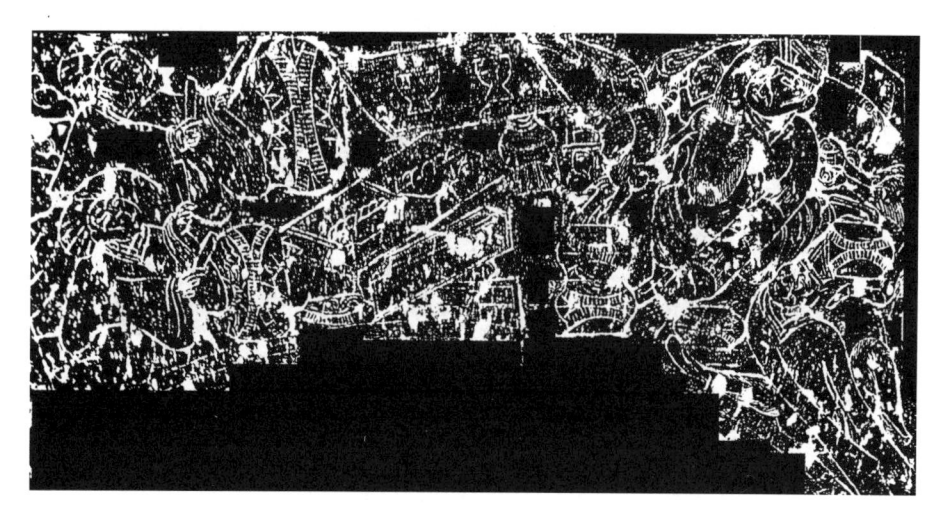

① 宴饮，汉画像石，山东嘉祥
② 宴饮，汉画像石，山东临沂白庄
③ 宴饮，汉画像石，山东曲阜

① 宴饮，汉画像石，山东苍山
② 宴饮，汉画像石，山东莒县
③ 宴饮，汉画像石，山东邹城

① 宴饮·宴饮乐舞，汉画像石棺，四川新津
② 宴饮，汉画像石棺，四川泸州

① 宴饮，汉画像石棺，四川南溪
② 宴饮，汉画像石，安徽宿州褚兰镇

①

②

① 宴饮，汉画像石，安徽宿州褚兰镇
② 宴饮，汉画像石，安徽宿州褚兰镇

① 宴饮，汉画像石，安徽淮北
② 宴饮，汉画像石，安徽灵璧

①
② 
③ 

① 宴饮，汉画像石，安徽灵璧
② 宴饮，汉画像石，江苏睢宁
③ 宴饮，汉画像石，江苏睢宁

①宴饮，汉画像石，江苏徐州
②宴饮，汉画像石，江苏徐州
③宴饮，汉画像石，江苏徐州

①宴饮，汉画像石，江苏徐州
②宴饮，汉画像石，江苏徐州
③宴饮，汉画像砖，江苏高淳

宴饮

① 宴饮·宴饮乐舞，汉画像砖，河南新野樊集
② 宴饮·宴饮百戏，汉画像石，河南南阳

① 宴饮，汉画像砖，河南新野樊集

① 宴饮，汉画像石，河南方城
② 宴饮，汉画像砖，河南淅川

拜谒

① 拜谒，汉画像石，河南唐河

① 拜谒，汉画像石，河南唐河
② 拜谒，汉画像石，河南唐河
③ 拜谒，汉画像石，河南南阳

①

②

拜谒

① 拜谒，汉画像石，河南唐河
② 拜谒，汉画像石，河南唐河

① 拜谒，汉画像石，河南邓州
② 拜谒，汉画像石，河南南阳

① 拜谒，汉画像石，河南南阳
② 拜谒，汉画像石，河南方城

① 拜谒，汉画像砖，河南洛阳
② 拜谒，汉画像石，山东嘉祥
③ 拜谒，汉画像石，山东嘉祥

① 拜谒，汉画像石，山东嘉祥宋山
② 拜谒，汉画像石，山东嘉祥宋山
③ 拜谒，汉画像石，山东嘉祥

① 拜谒，汉画像石，山东嘉祥
② 拜谒，汉画像石，山东安丘

① 拜谒，汉画像石，山东临沂白庄
② 拜谒，汉画像石，山东临沂白庄
③ 拜谒，汉画像石，山东临沂白庄

① 拜谒，汉画像石，山东临沂
② 拜谒，汉画像石，山东嘉祥宋山

① 拜谒，汉画像石，山东临沂白庄
② 拜谒，汉画像石，山东临沂白庄

① 拜谒，汉画像石，山东临沂白庄
② 拜谒，汉画像石，山东临沂白庄

① 拜谒，汉画像石，山东微山
② 拜谒，汉画像石，山东微山
③ 拜谒，汉画像石，山东微山

① 拜谒，汉画像石，山东济宁喻屯镇
② 拜谒，汉画像石，山东邹城

① 拜谒

拜谒

②

① 拜谒，汉画像石，山东微山
② 拜谒，汉画像石，山东微山

① 拜谒，汉画像石，山东滕州
② 拜谒，汉画像石，山东东平

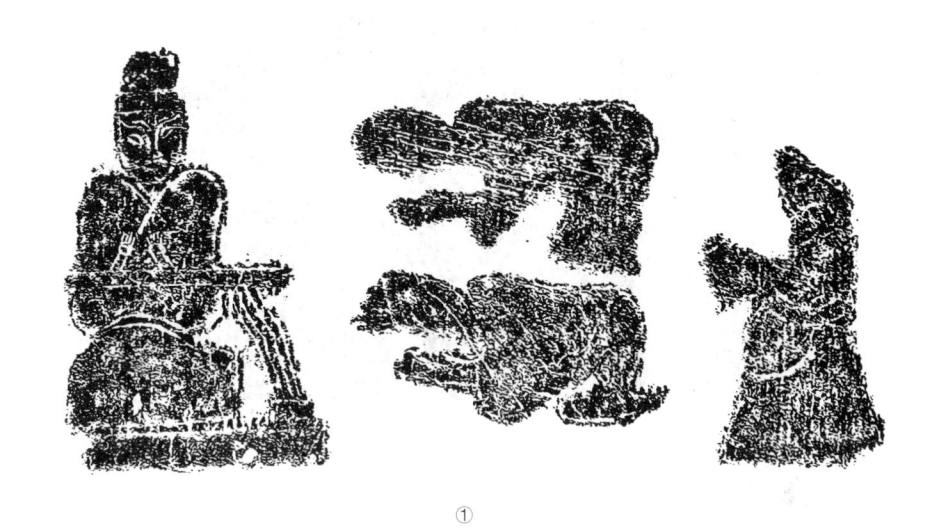

①
② 

拜谒

① 拜谒，汉画像石，山东邹城
② 拜谒，汉画像石，山东滕州龙阳店

① 拜谒，汉画像石，山东滕州桑树镇
② 拜谒，汉画像石，山东滕州桑树镇

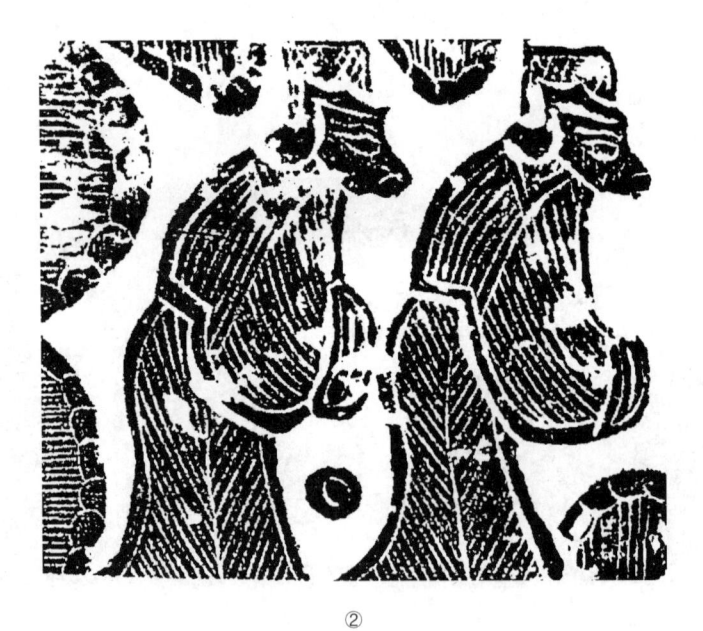

① 拜谒，汉画像石，山东肥城
② 拜谒，汉画像石，山东沂南北寨
③ 拜谒，汉画像石，江苏徐州

① 拜谒，汉画像石，江苏徐州
② 拜谒，汉画像石，江苏徐州

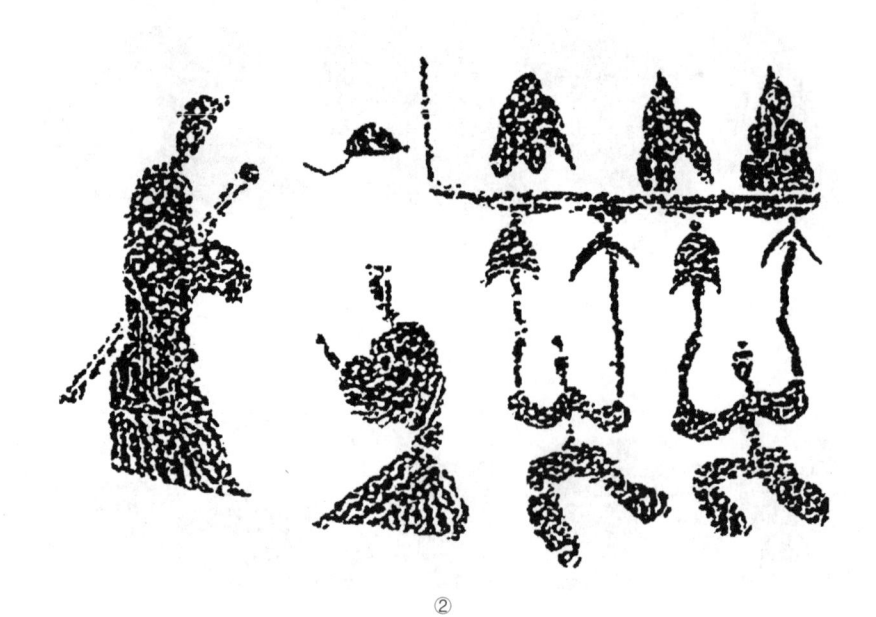

①

②

拜谒

① 拜谒，汉画像石，江苏睢宁
② 拜谒，汉画像砖，江苏高淳

① 拜谒，汉画像石，安徽淮北
② 拜谒，汉画像石，安徽定远
③ 拜谒，汉画像石，陕西绥德
④ 拜谒，汉画像石，陕西横山

①

②

① 拜谒，汉画像石，陕西靖边
② 拜谒，汉画像石，陕西绥德

① 拜谒，汉画像石，陕西绥德
② 拜谒，汉画像石，陕西榆林

①

②

③

● ⋯⋯ 拜谒

① 拜谒，汉画像石，陕西绥德
② 拜谒，汉画像石，重庆璧山
③ 拜谒，汉画像砖，江西赣州

① 拜谒，汉画像石，浙江海宁长安镇

迎宾

① 迎宾，汉画像砖，河南许昌

① 迎宾，汉画像砖，河南新野张楼
② 迎宾·迎宾乐舞，汉画像砖，河南唐河

① 迎宾，汉画像砖，河南周口
② 迎宾，汉画像砖，河南新郑

① 迎宾，汉画像石，山东安丘
② 迎宾，汉画像石，山东苍山
③ 迎宾，汉画像石，山东邹城

① 迎宾，汉画像石，山东邹城
② 迎宾，汉画像石，山东章丘
③ 迎宾，汉画像石，山东邹城

① 迎宾，汉画像石，山东诸城
② 迎宾，汉画像石，山东滕州桑树镇
③ 迎宾，汉画像石，山东邹城

① 迎宾，汉画像石，山东枣庄
② 迎宾，汉画像石，山东嘉祥
③ 迎宾，汉画像石，山东邹城

① 迎宾·车马迎宾，汉画像石，山东滕州
② 迎宾·车马迎宾，汉画像石，山东滕州

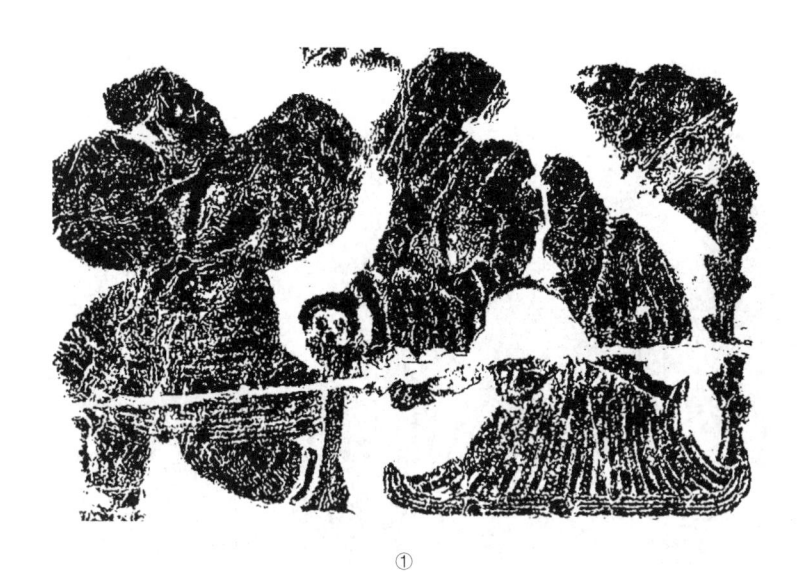

① 迎宾，汉画像石，江苏睢宁
② 迎宾，汉画像石，江苏徐州
③ 迎宾，汉画像石，安徽萧县

① 迎宾，汉画像石，安徽淮北
② 迎宾，汉画像石，安徽淮北

① 迎宾，汉画像石，安徽淮北
② 迎宾，汉画像石，安徽灵璧

① 迎宾，汉画像石，安徽淮北
② 迎宾，汉画像石，安徽宿州

① 迎宾,汉画漆绘,湖北江陵
② 迎宾,汉画像石,陕西清涧
③ 迎宾,汉画像石,陕西子洲

① 迎宾，汉画像石，四川新津
② 迎宾，汉画像石棺，四川宜宾

① 迎宾，汉画像石，四川新津
② 迎宾，汉画像石棺，四川郫县

送行

① 送行，汉画像石，安徽萧县

游戏

① 游戏·六博，汉画像石，山东嘉祥宋山

① 游戏·六博宴饮，汉画像石，山东嘉祥宋山
② 游戏·六博，汉画像石，山东滕州
③ 游戏·六博，汉画像石，山东滕州桑树镇
④ 游戏·六博，汉画像石，山东滕州桑树镇

① 游戏·六博，汉画像石，山东滕州桑树镇
② 游戏·六博，汉画像石，山东曲阜

游戏

① 游戏·六博，汉画像石，山东微山
② 游戏·六博，汉画像石，山东微山
③ 游戏·六博，汉画像石，山东微山两城镇

游戏

① 游戏·六博，汉画像石，山东邹城

① 游戏·六博，汉画像石，安徽宿州
② 游戏·六博，汉画像石，安徽宿州
③ 游戏·六博，汉画像石，安徽淮北

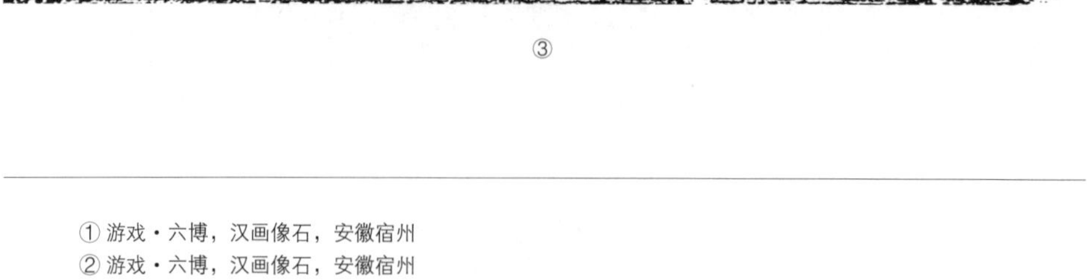

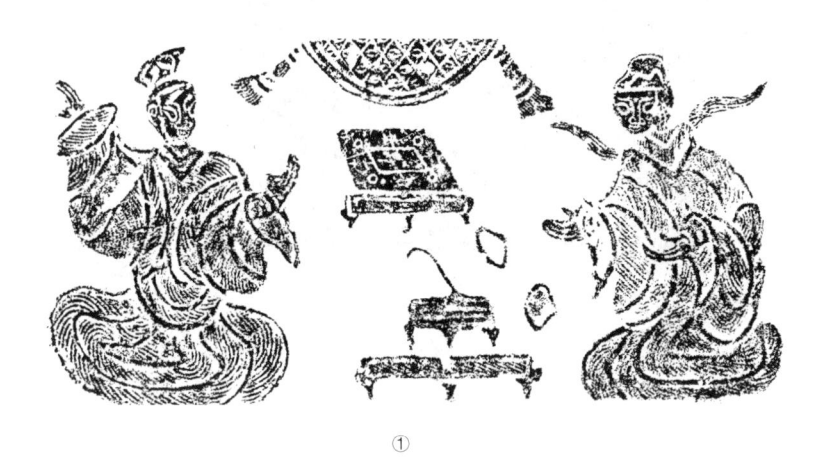

① 游戏·六博，汉画像石，安徽萧县
② 游戏·六博，汉画像石，安徽萧县

① 游戏·六博，汉画像石，江苏徐州
② 游戏·六博，汉画像石，江苏徐州
③ 游戏·六博，汉画像石，江苏徐州

①

②

① 游戏·六博，汉画像石棺，四川新津
② 游戏·六博，汉画像砖，四川新津

① 游戏·六博，汉画像石，陕西绥德
② 游戏·六博，汉画像石棺，四川宜宾

① 游戏·六博，汉画像砖，河南许昌
② 游戏·斗鸡，汉画像石，河南南阳英庄
③ 游戏·斗鸡，汉画像石，山东嘉祥

① 游戏·斗鸡,汉画像砖,浙江临安
② 游戏·斗鸡,汉画像石,陕西绥德
③ 游戏·斗鸡,汉画像石,陕西绥德

① 游戏·斗鸡，汉画像石，陕西横山
② 游戏·斗鸡，汉画像砖，河南许昌
③ 游戏·斗鸡，汉画像砖，河南许昌

① 游戏·斗鸡，汉画像石，河南南阳
② 游戏·斗鸡，汉画像石，河南登封
③ 游戏·斗鸡，汉画像砖，河南郑州

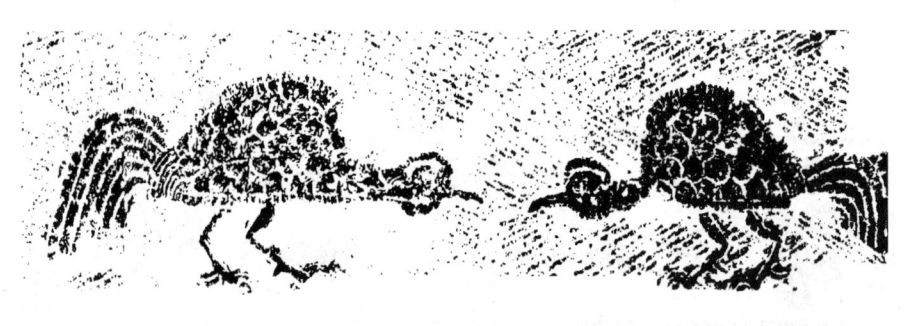

① 游戏·斗鸡，汉画像砖，河南郑州
② 游戏·斗鸡，汉画像砖，河南郑州

① 游戏·斗鸡，汉画像砖，河南许昌
② 游戏·斗鸡，汉画像石，山东邹城
③ 游戏·斗鸡，汉画像石，山东济宁

① 游戏·投壶，汉画像石，河南南阳
② 游戏·投壶，汉画像石，山东嘉祥

燕居

① 燕居·同视，汉画像石，陕西绥德

①

燕居

①燕居·交谈，汉画像石，陕西绥德
②燕居·交谈，汉画像石，陕西绥德

① 燕居·交谈，汉画像石，陕西绥德
② 燕居·交谈，汉画像石，陕西绥德

① 燕居·同视，汉画像石，陕西绥德
② 燕居·对视，汉画像石，陕西绥德

①

②

① 燕居·夫妇，新莽壁画，陕西定边
② 燕居·母子，汉画像石，陕西榆林

燕居

① 燕居·尊老，汉画像石，山东邹城
② 燕居·交谈，汉画像石，山东邹城

① 燕居·交谈，汉画像石，山东邹城
② 燕居·尊老，汉画像石，山东邹城

① 燕居·合家欢，汉画像石，山东邹城
② 燕居·侍奉，汉画像石，山东邹城

① 燕居·搀扶，汉画像石，山东邹城
② 燕居·夫妇，汉画像石，山东临沂白庄

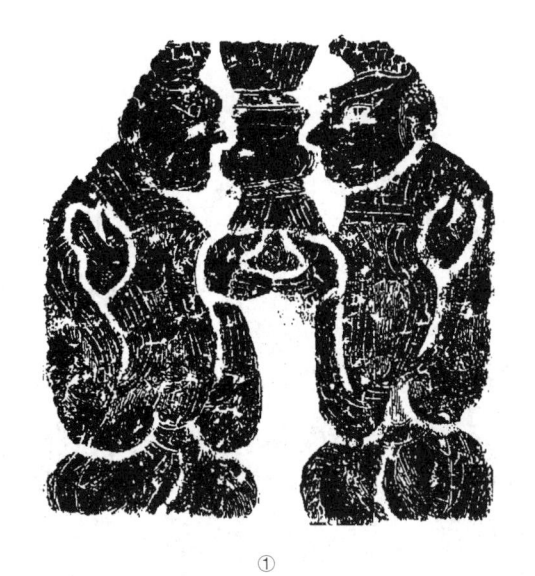

①

②

燕居

① 燕居·交谈，汉画像石，山东临沂白庄
② 燕居·交谈，汉画像石，山东临沂白庄

① 燕居·夫妇，汉画像石，山东微山两城镇
② 燕居·拉家常，汉画像石，山东济宁喻屯镇

① 燕居·交谈，汉画像石，山东济宁喻屯镇
② 燕居·交谈，汉画像石，山东临沂白庄

① 燕居·交谈，汉画像石，山东济宁喻屯镇
② 燕居·交谈，汉画像石，山东泰安大汶口

燕居

①

②

① 燕居·侍奉，汉画像石，山东费县
② 燕居·端坐，汉画像石，山东安丘

① 燕居·交谈，汉画像石，山东新泰
② 燕居·交谈，汉画像石，山东滕州孔集
③ 燕居·交谈，汉画像石，山东滕州桑村镇

① 燕居·对视，汉画像石，山东滕州
② 燕居·同视，汉画像石，山东滕州

① 燕居·端坐，汉画像石，河南方城
② 燕居·关注，汉画像石，河南唐河

①

②

燕居

① 燕居·端坐，汉画像石，河南南阳
② 燕居·交谈，汉画像石，河南新密打虎亭

① 燕居·交谈，汉画像石，江苏邳州
② 燕居·交谈，汉画像石，江苏邳州

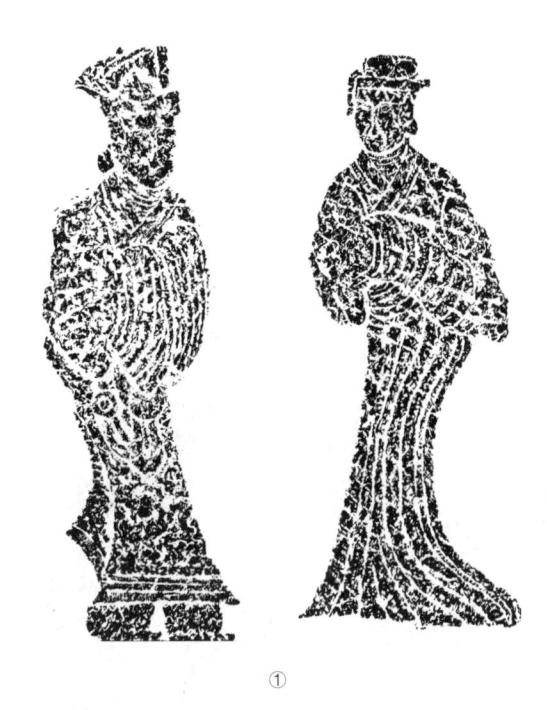

燕居

① 燕居·夫妇，汉画像石，江苏徐州
② 燕居·交谈，汉画像石，重庆璧山

① 燕居·回视，汉画像石，浙江海宁长安镇

① 燕居·交谈，汉画像石，浙江海宁长安镇

①

②

① 燕居·交谈，汉画像石棺，四川新津
② 燕居·交谈，汉画像石棺，四川新津

燕居

① 燕居·叙谈，汉画像石棺，四川合江
② 燕居·叙谈，汉画像石棺，四川南溪

① 燕居·交谈，汉画像石棺，四川彭山
② 燕居·呼应，汉画像石棺，重庆永川

① 燕居·敬老，汉画像石，四川成都
② 燕居·交谈，汉画像石，四川雅安

① 燕居·注视，汉代漆器，湖北襄阳
② 燕居·交流，汉代漆器，湖北襄阳

①

②

① 燕居·交流，汉代漆器，湖北襄阳
② 燕居·交谈，汉代壁画，辽宁金州

① 燕居，汉代铜镜，浙江绍兴
② 燕居，汉代铜镜，浙江绍兴

主仆

① 主仆，汉画像石，江苏睢宁

① 主仆，汉画像石，河南南阳
② 主仆，汉画像石，陕西榆林

① 主仆，汉画像石，陕西榆林
② 主仆，汉画像石，陕西榆林
③ 主仆，汉画像石，陕西榆林

① 主仆，汉画像石，山东滕州桑村镇
② 主仆，汉画像石，山东滕州桑村镇

① 主仆，汉画像石，山东滕州桑村镇
② 主仆，汉画像石，安徽淮北

①主仆，汉画像石，江苏睢宁
②主仆，汉代漆器，湖北襄阳

① 主仆，汉画像石，四川成都

赏艺

① 赏艺·切磋技艺，汉画像砖，河南郑州

① 赏艺，汉画像石，安徽灵璧
② 赏艺，汉画像石，安徽灵璧

门吏

① 门吏，汉画像石，安徽宿州

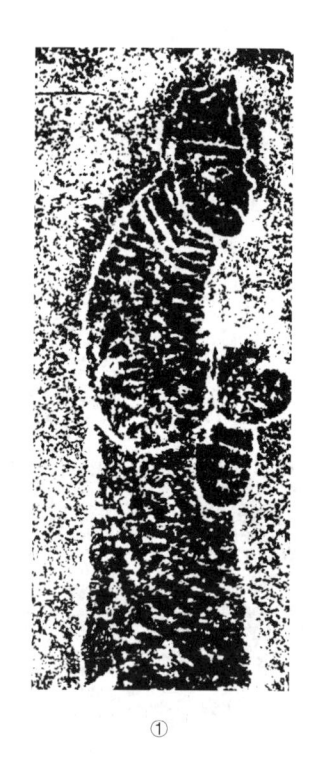

① 门吏,汉画像石,安徽淮北
② 门吏,汉画像石,安徽淮北
③ 门吏,汉画像石,安徽淮北
④ 门吏,汉画像石,安徽淮北

① 门吏，汉画像石，安徽淮北
② 门吏，汉画像石，安徽淮北

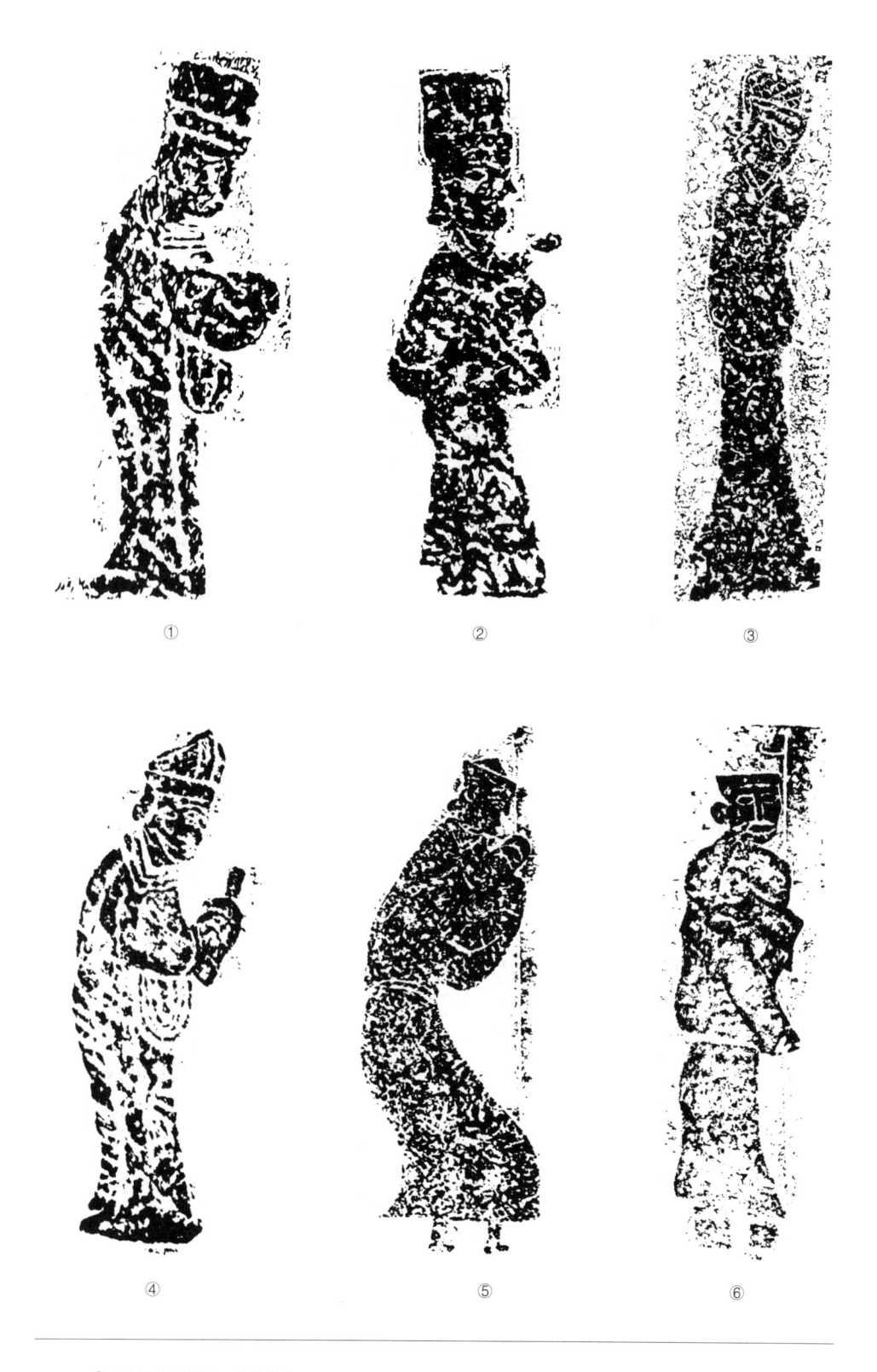

① 门吏，汉画像石，安徽淮北
② 门吏，汉画像石，安徽淮北
③ 门吏，汉画像石，安徽淮北
④ 门吏，汉画像石，安徽淮北
⑤ 门吏，汉画像石，安徽淮北
⑥ 门吏，汉画像石，安徽淮北

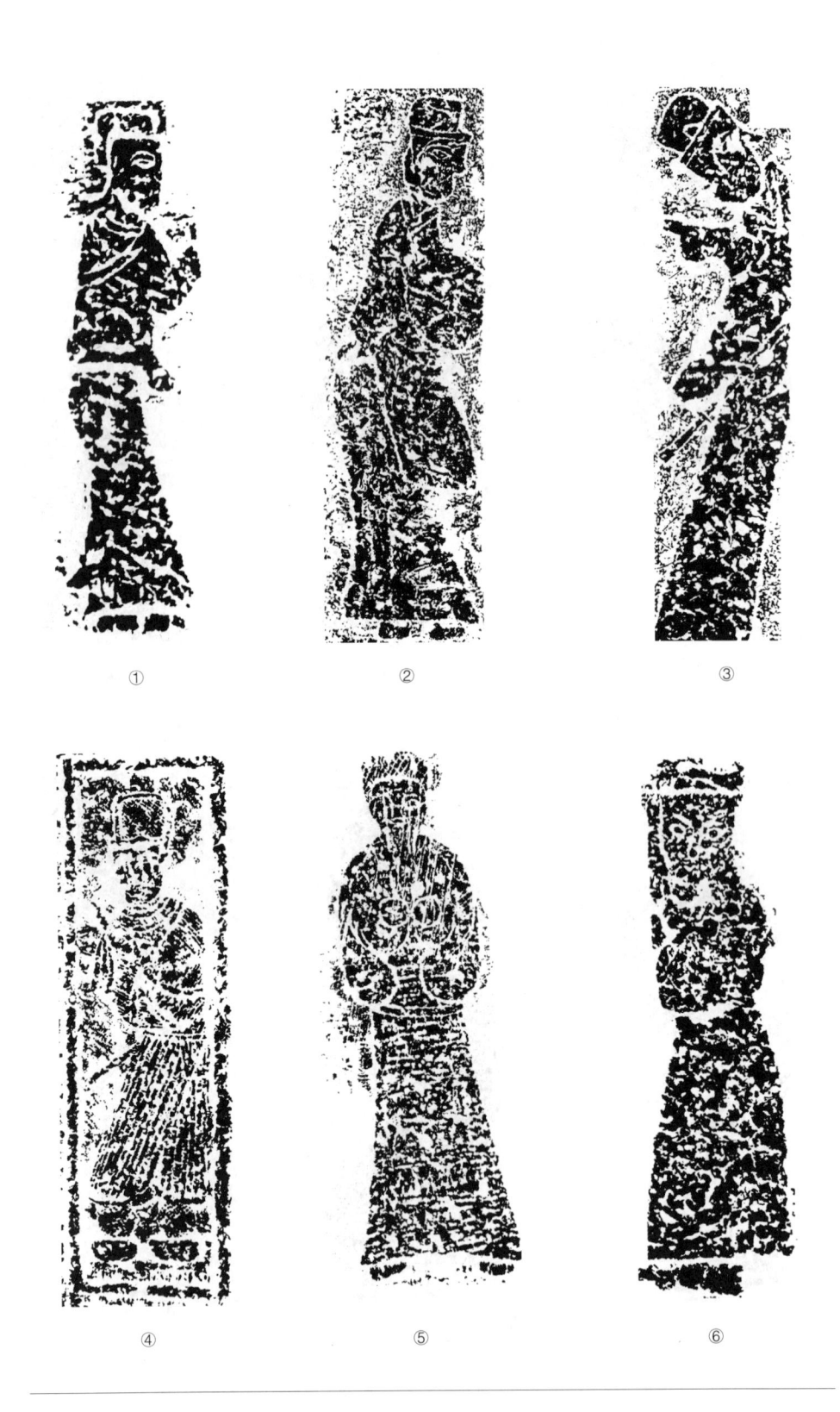

① 门吏，汉画像石，安徽淮北
② 门吏，汉画像石，安徽淮北
③ 门吏，汉画像石，安徽淮北
④ 门吏，汉画像石，安徽淮北
⑤ 门吏，汉画像石，安徽淮北
⑥ 门吏，汉画像石，安徽淮北

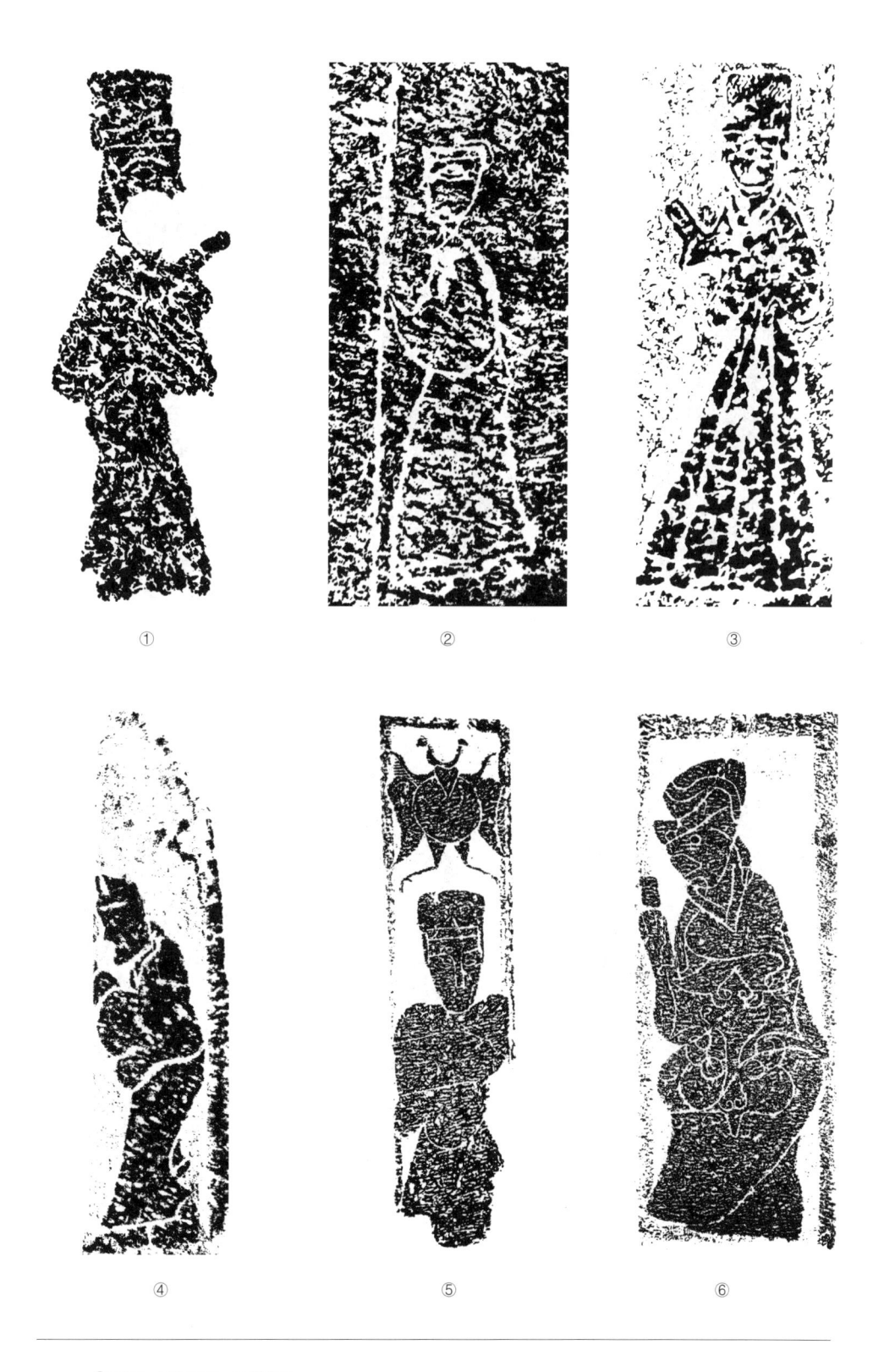

① 门吏,汉画像石,安徽萧县
② 门吏,汉画像石,安徽淮北
③ 门吏,汉画像石,安徽淮北
④ 门吏,汉画像石,河南南阳
⑤ 门吏,汉画像石,河南南阳草店
⑥ 门吏,汉画像石,河南南阳

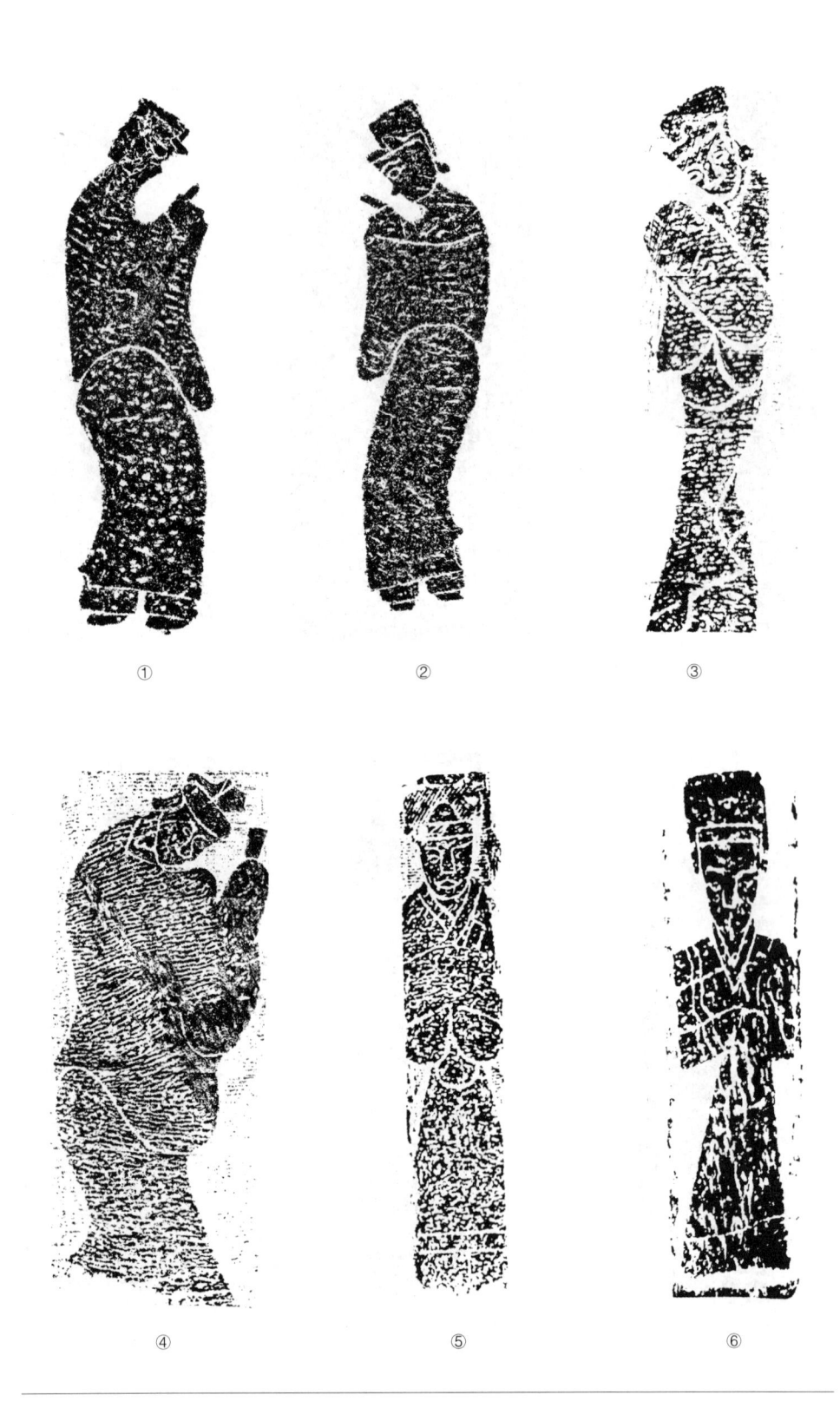

①门吏，汉画像石，河南南阳
②门吏，汉画像石，河南南阳
③门吏·执盾，汉画像石，河南南阳
④门吏，汉画像石，河南南阳
⑤门吏，汉画像石，河南方城
⑥门吏，汉画像石，河南方城

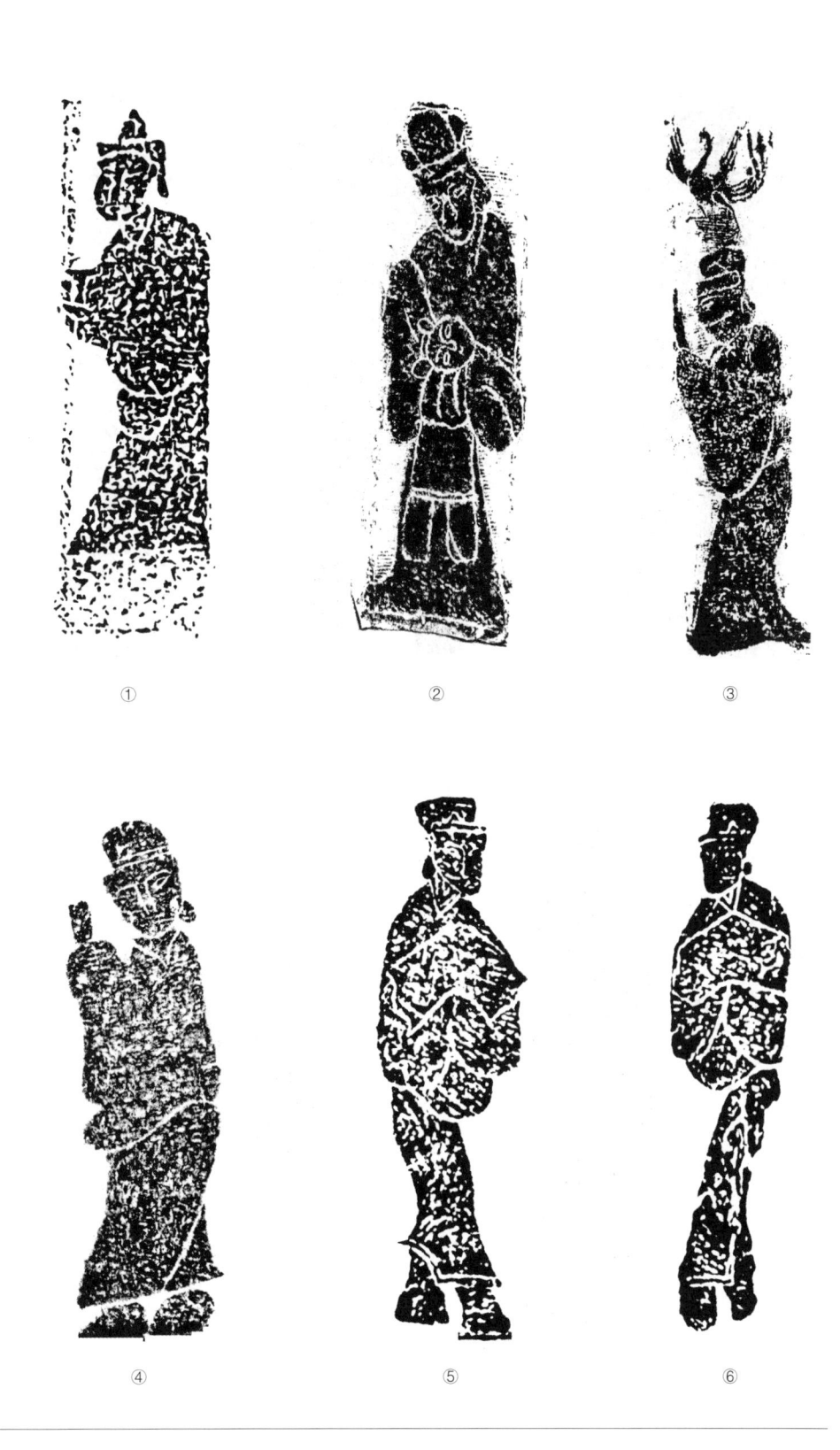

① 门吏，汉画像石，河南南阳
② 门吏，汉画像石，河南方城
③ 门吏，汉画像石，河南方城
④ 门吏，汉画像石，河南方城
⑤ 门吏，汉画像石，河南方城
⑥ 门吏，汉画像石，河南方城

① 门吏·胡奴门，汉画像石，河南方城
② 门吏，汉画像石，河南方城
③ 门吏，汉画像石，河南平顶山
④ 门吏，汉画像砖，河南禹州
⑤ 门吏·执戟，汉画像砖，河南新野樊集

① 门吏·执剑，汉画像砖，河南新野樊集
② 门吏，汉画像砖，河南新密
③ 门吏·执盾，汉画像砖，河南新野
④ 门吏，汉画像砖，河南新密

① 门吏，汉画像砖，河南新野樊集
② 门吏，汉画像砖，河南新野樊集

① 门吏，汉画像砖，河南新野樊集

①门吏，汉画像砖，河南许昌
②门吏，汉画像砖，河南许昌
③门吏，汉画像砖，河南郑州
④门吏，汉画像砖，河南郑州
⑤门吏，汉画像砖，河南郑州

门吏

① 门吏,汉画像砖,河南郑州
② 门吏,汉画像砖,河南郑州
③ 门吏,汉画像砖,河南洛阳
④ 门吏,汉画像砖,河南郑州
⑤ 门吏,汉画像砖,河南郑州
⑥ 门吏,汉画像砖,河南郑州

①门吏,汉画像砖,河南郑州
②门吏,汉画像砖,河南郑州
③门吏,汉画像砖,河南郑州
④门吏,汉画像砖,河南郑州
⑤门吏,汉画像砖,河南郑州

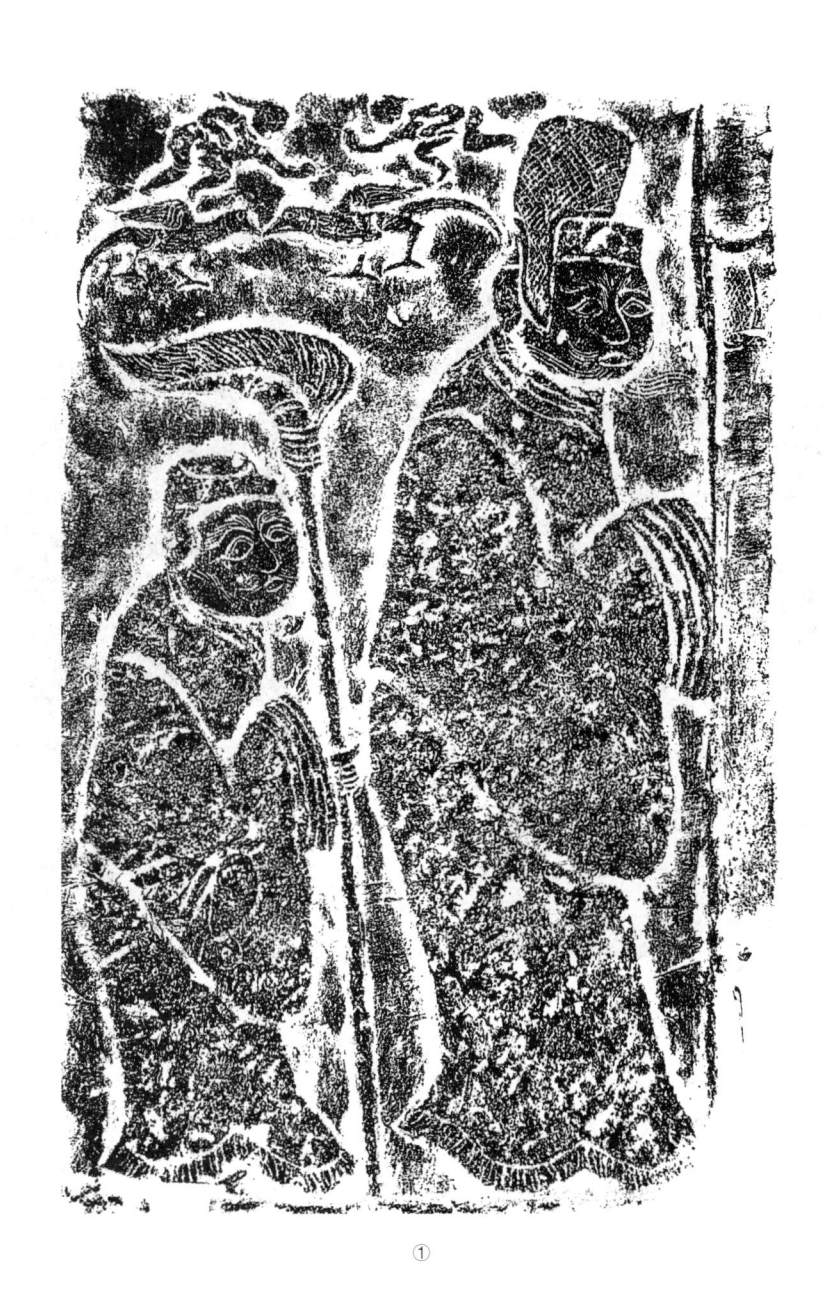

① 门吏，汉画像石，山东济宁喻屯镇

①门吏，汉画像石，陕西榆林
②门吏，汉画像石，陕西绥德

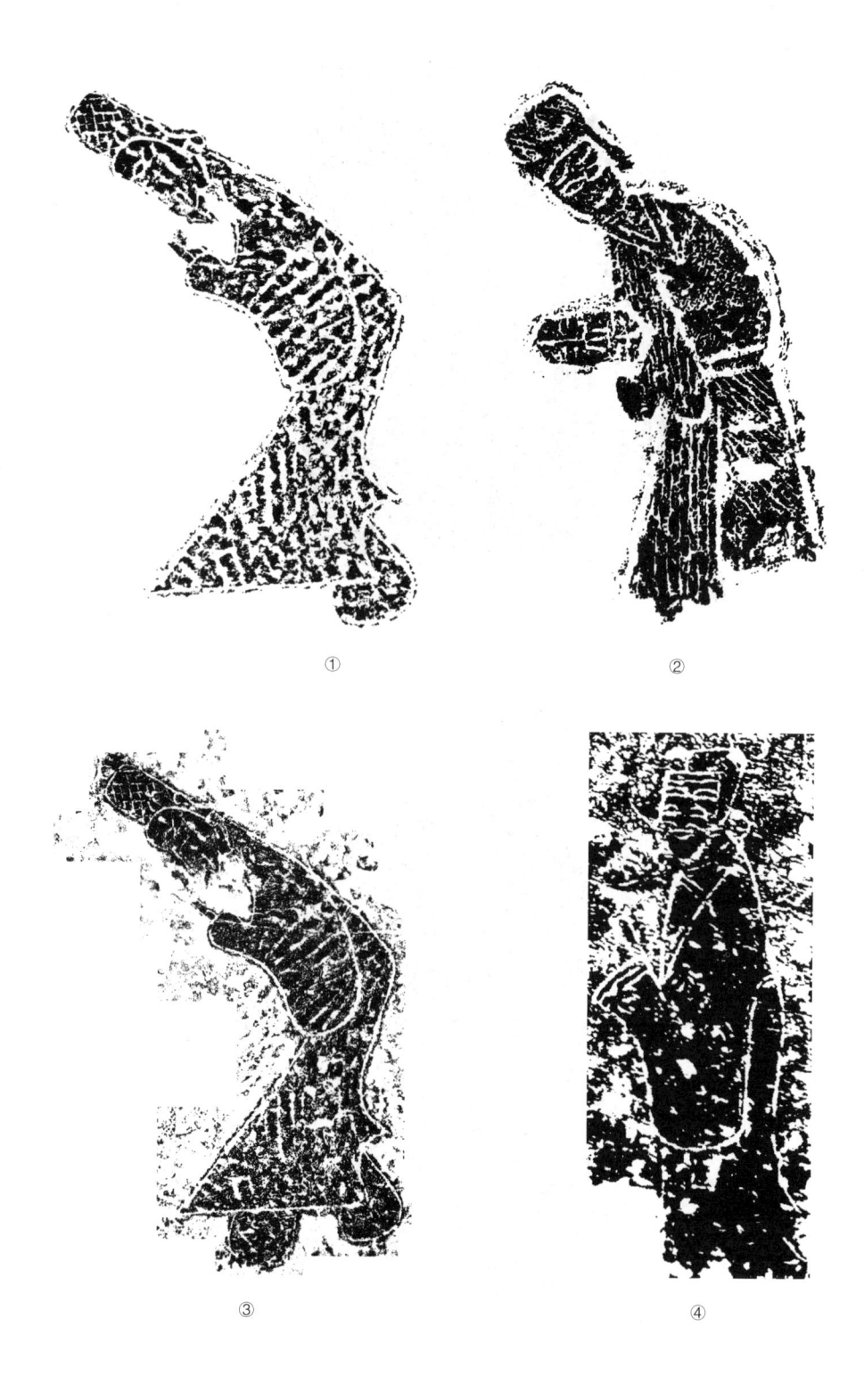

① 门吏，汉画像石，山东邹城
② 门吏，汉画像石，山东邹城
③ 门吏，汉画像石，山东邹城
④ 门吏，汉画像石，山东临淄

①
②

①门吏，汉画像石，四川长宁
②门吏，汉画像石，四川成都

① 门吏

① 门吏，汉画像石棺，四川郫县

官吏

① 官吏·执节吏，汉画像石，陕西绥德

① 官吏·文官，汉画像石，陕西绥德
② 官吏·文官，汉画像石，陕西绥德
③ 官吏·文官，汉画像石，陕西绥德
④ 官吏·文官，汉画像石，陕西绥德

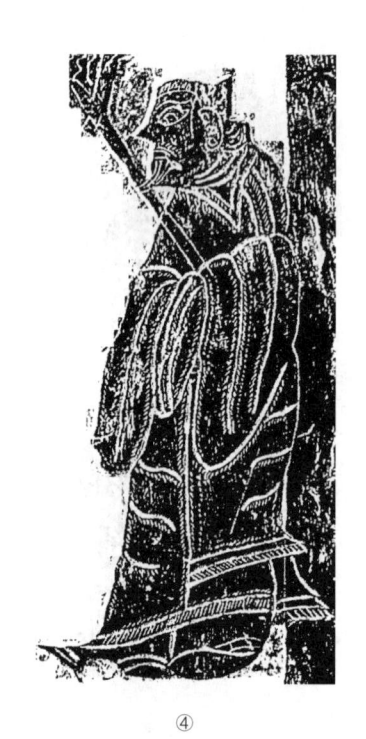

① 官吏·文官，汉画像石，陕西绥德
② 官吏·文官，汉画像石，山西离石
③ 官吏·文官，汉画像石，山西离石
④ 官吏·文官，汉画像石，江苏睢宁

① 官吏·文官，汉画像石，江苏徐州
② 官吏·文官，汉画像石，江苏徐州
③ 官吏·文官，汉画像石，江苏徐州
④ 官吏·文官，汉画像石，江苏徐州

① 官吏·文吏，汉画像砖，四川彭州
② 官吏·官吏与文书，汉画像石，四川郫县
③ 官吏·门亭长，汉画像石棺，四川新津
④ 官吏·执节吏，汉画像砖，河南淅川

① 官吏·文吏，汉画像砖，河南邓州
② 官吏·小吏，汉画像石，河南南阳
③ 官吏·小吏，汉画像石，河南登封
④ 官吏·小吏，汉画像砖，河南新密

① 官吏・亭长，汉画像砖，河南许昌
② 官吏・执节吏，汉画像砖，河南郑州

① 官吏·亭长，汉画像砖，河南许昌
② 官吏·亭长，汉画像砖，河南郑州
③ 官吏·亭长，汉画像砖，河南郑州
④ 官吏·执节吏，汉画像砖，河南郑州
⑤ 官吏·亭长，汉画像砖，河南周口

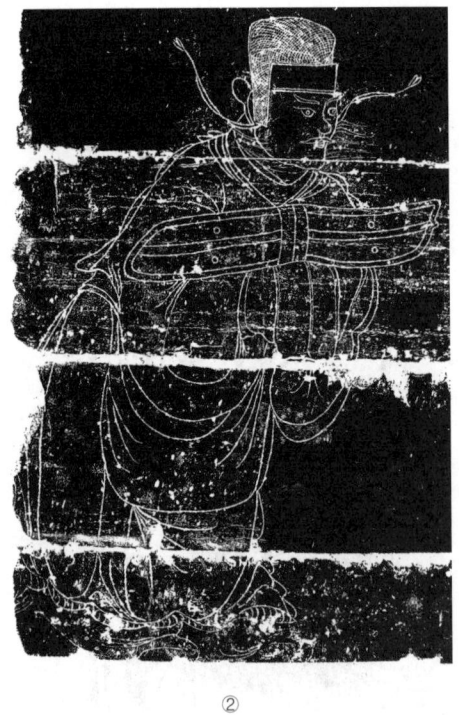

① 官吏，汉画像石，安徽淮北
② 官吏·文吏，汉画像石，安徽亳州曹腾墓
③ 官吏·文吏，汉画像石，安徽亳州曹腾墓

① 官吏・小吏，汉画像石，安徽宿州褚兰镇
② 官吏・小吏，汉画像石，安徽宿州褚兰镇
③ 官吏・小吏，汉画像石，安徽宿州褚兰镇

① 官吏·小吏，汉画像石，安徽亳州白果村
② 官吏·小吏，汉画像石，安徽淮北
③ 官吏·小吏，汉画像石，安徽淮北

① 官吏·小吏，汉画像石，山东郯城
② 官吏·小吏，汉画像石，山东郯城
③ 官吏·小吏，汉画像石，山东郯城

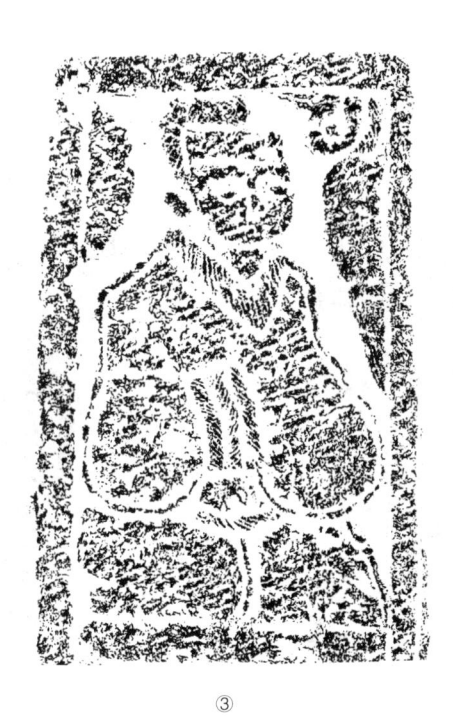

① 官吏·小吏，汉画像石，山东邹城
② 官吏·小吏，汉画像石，山东邹城
③ 官吏·小吏，汉画像石，山东邹城

① 官吏·小吏，汉画像石，山东邹城
② 官吏·小吏，汉画像石，山东邹城
③ 官吏·小吏，汉画像石，山东邹城
④ 官吏·小吏，汉画像石，山东苍山

① 官吏·小吏，汉画像石，山东苍山
② 官吏·小吏，汉画像石，山东苍山
③ 官吏·小吏，汉画像石，山东苍山
④ 官吏·小吏，汉画像石，山东微山

① 官吏·小吏，汉画像石，山东微山
② 官吏·小吏，汉画像石，山东微山
③ 官吏·小吏，汉画像石，山东微山
④ 官吏·小吏，汉画像石，山东临沂

① 官吏，汉画像石，山东微山
② 官吏，汉画像石，山东微山

① 官吏·小吏，汉画像石，山东临沂
② 官吏·小吏，汉画像石，山东临沂
③ 官吏，汉画像石，山东费县
④ 官吏·小吏，汉画像石，山东新泰
⑤ 官吏·小吏，汉画像石，山东新泰

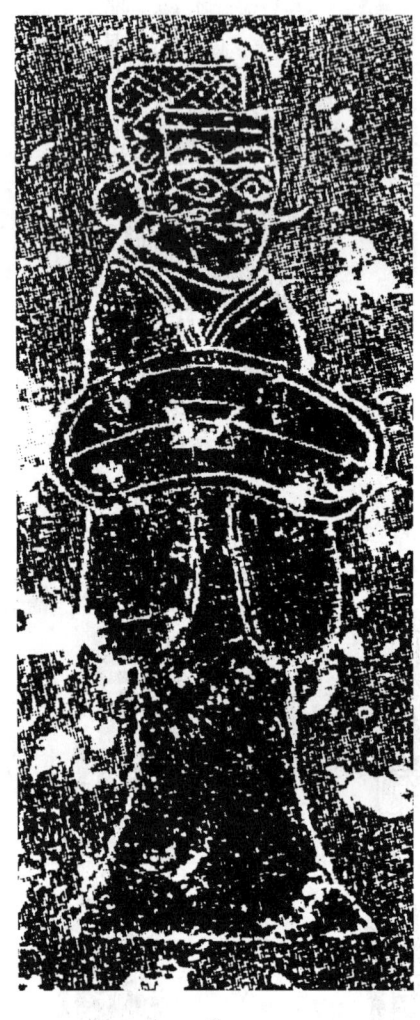

① 官吏·门亭长，汉画像石，山东临淄
② 官吏，汉画像石，山东济南

① 官吏，汉画像石，山东费县
② 官吏，汉画像石，山东济南
③ 官吏，汉画像石，山东嘉祥

① 官吏，汉画像石，山东济南
② 官吏，汉画像石，山东济南

① 官吏·门大夫，汉画像石，山东莒县
② 官吏，汉画像石，山东金乡
③ 官吏·小吏，汉画像石，山东历城
④ 官吏·小吏，汉画像石，山东滕州官桥镇

① 官吏·小吏，汉画像石，陕西绥德
② 官吏，汉画像石，陕西绥德
③ 官吏·小吏，汉画像石，陕西绥德
④ 官吏·小吏，汉画像石，陕西绥德

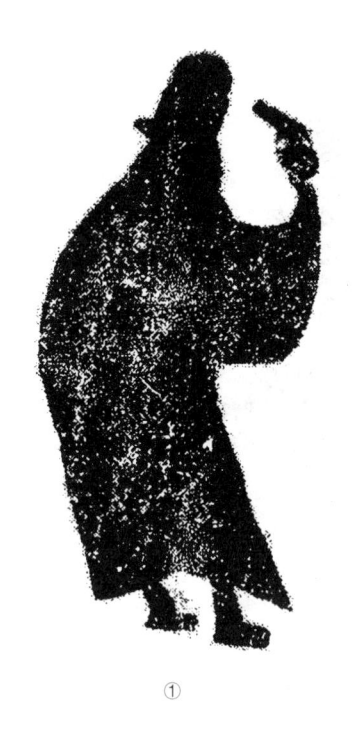

① 官吏·小吏，汉画像石，陕西绥德
② 官吏，汉画像石，江苏连云港
③ 官吏·小吏，汉画像石，江苏连云港
④ 官吏，汉画像石，江苏徐州

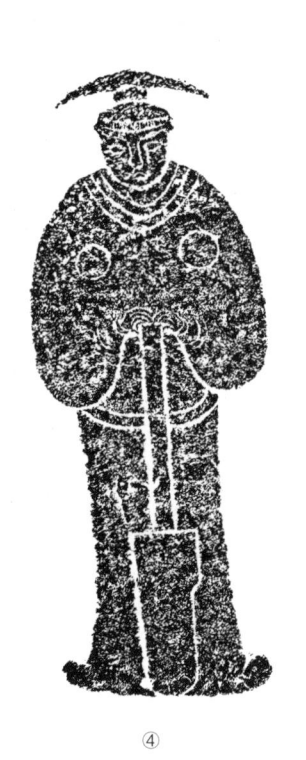

① 官吏，汉画像石，江苏徐州
② 官吏·小吏，汉画像石，浙江海宁长安镇

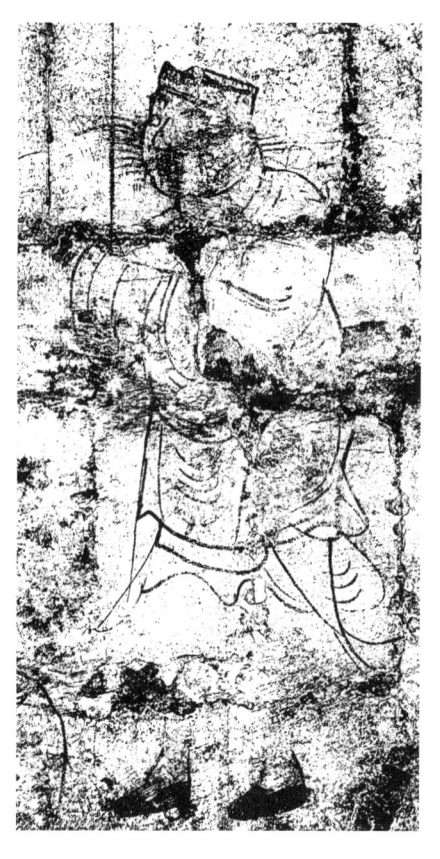

①  ②

① 官吏，东汉壁画，河北望都
② 官吏·小吏，汉画像石，河北望都

历史人物

① 历史人物·孔子见老子，汉画像石，山东嘉祥宋山

① 历史人物·孔子见老子，汉画像石，山东嘉祥
② 历史人物·孔子见老子，汉画像石，山东嘉祥
③ 历史人物·孔子见老子，汉画像石，山东嘉祥

① 历史人物·孔子见老子，汉画像石，山东邹城
② 历史人物·孔子见老子，汉画像石，山东邹城
③ 历史人物·孔子见老子，汉画像石，山东嘉祥武氏祠

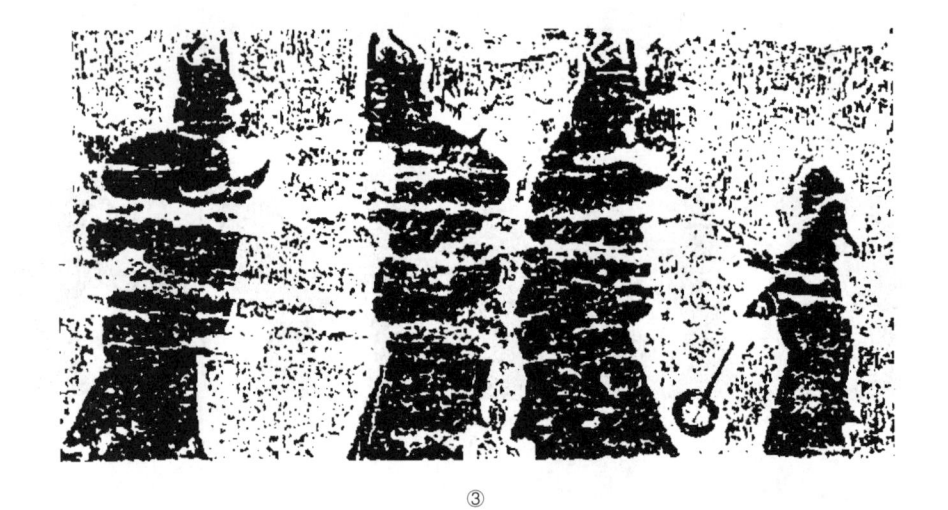

① 历史人物·孔子见老子，汉画像石，山东嘉祥纸坊镇
② 历史人物·孔子见老子，汉画像石，山东沂南北寨

① 历史人物·孔子见老子，汉画像石，山东嘉祥
② 历史人物·孔子见老子，汉画像石，江苏邳州
③ 历史人物·孔子见老子，汉画像石，江苏邳州

① 历史人物·周公辅成王，汉画像石，山东嘉祥武氏祠
② 历史人物·周公辅成王，汉画像石，山东嘉祥宋山
③ 历史人物·周公辅成王，汉画像石，山东嘉祥

① 历史人物·周公辅成王，汉画像石，山东嘉祥
② 历史人物·周公辅成王，汉画像石，山东嘉祥
③ 历史人物·周公辅成王，汉画像石，山东嘉祥
④ 历史人物·周公辅成王，汉画像石，山东嘉祥

①

②

① 历史人物·周公辅成王,汉画像石,山东莒县
② 历史人物·周公辅成王,汉画像石,山东嘉祥纸坊镇

①
② 

① 历史人物·周公辅成王，汉画像石，山东沂南北寨
② 历史人物·周公辅成王，汉画像石，陕西子洲

① 历史人物·二桃杀三士，汉画像石，河南南阳
② 历史人物·二桃杀三士，汉画像石，河南南阳
③ 历史人物·二桃杀三士，汉画像石，河南南阳熊营
④ 历史人物·二桃杀三士，汉画像石，河南方城

① 历史人物·二桃杀三士，汉画像石，河南方城
② 历史人物·二桃杀三士，汉画像石，河南唐河
③ 历史人物·二桃杀三士，汉画像砖，河南新野

① 历史人物·二桃杀三士，汉画像石，山东嘉祥宋山
② 历史人物·二桃杀三士，汉画像石，山东嘉祥武氏祠
③ 历史人物·二桃杀三士，汉画像石，山东莒县

① 历史人物·二桃杀三士，汉画像石，山东邹城
② 历史人物·二桃杀三士，汉画像石，陕西绥德
③ 历史人物·二桃杀三士，汉画像石，江苏邳州

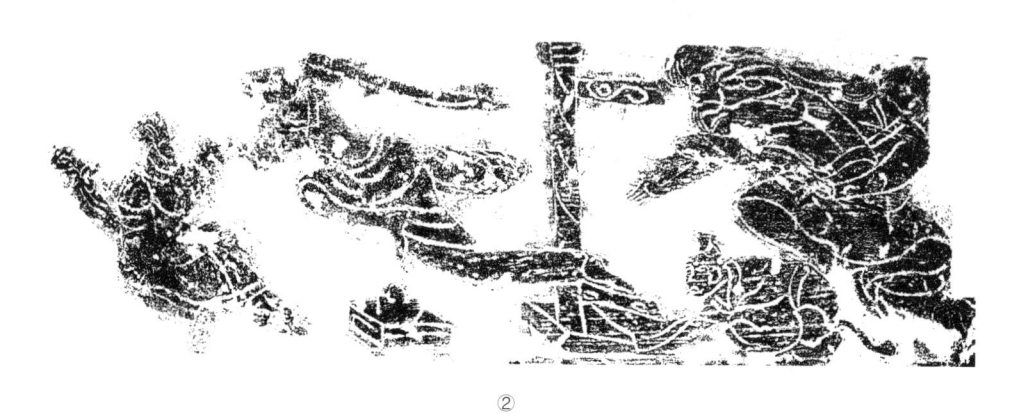

① 历史人物·荆轲刺秦王，汉画像石，河南唐河
② 历史人物·荆轲刺秦王，汉画像石，浙江海宁

① 历史人物·荆轲刺秦王，汉画像石，山东沂南北寨

① 历史人物·荆轲刺秦王，汉画像石，山东嘉祥
② 历史人物·荆轲刺秦王等，汉画像石，山东嘉祥
③ 历史人物·季札挂剑，汉画像石，山东嘉祥

① 历史人物·季札挂剑，汉画像石，山东嘉祥武氏祠
② 历史人物·季札挂剑，汉画像石阙，四川雅安

① 历史人物·鸿门宴，汉画像石，河南南阳
② 历史人物·鸿门宴，汉画像石，河南南阳
③ 历史人物·鸿门宴，汉画像石，安徽淮北

① 历史人物·聂政自屠，汉画像石，河南唐河
② 历史人物·聂政自屠，汉画像石，河南唐河
③ 历史人物·范雎受袍，汉画像石，河南唐河

① 历史人物·晏子见齐景公，汉画像石，河南唐河
② 历史人物·鲁义妇，汉画像石，河南唐河

① 历史人物·赵氏孤儿，汉画像石，河南南阳
② 历史人物·丝路巡游，汉画像石，河南方城

① 历史人物，汉画像砖，河南新野
② 历史人物·拜谒，汉画像砖，河南新野樊集
③ 历史人物，汉画像砖，河南新野

① 历史人物·孟母断杼等，汉画像石，山东嘉祥
② 历史人物·孔门弟子，汉画像石，山东嘉祥
③ 历史人物·管仲射齐桓公，汉画像石，山东嘉祥宋山
④ 历史人物·管仲射齐桓公，汉画像石，山东嘉祥武氏祠

① 历史人物·画蛇添足，汉画像石，山东嘉祥武氏祠
② 历史人物·除毒害，汉画像石，山东嘉祥武氏祠
③ 历史人物·骊姬害申生，汉画像石，山东嘉祥宋山

① 历史人物·桑下饿人，汉画像石，山东嘉祥武氏祠
② 历史人物·聂政刺韩王，汉画像石，山东嘉祥武氏祠

① 历史人物·专诸刺吴王，汉画像石，山东嘉祥武氏祠
② 历史人物·老莱子娱亲，汉画像石，山东嘉祥武氏祠
③ 历史人物·梁寡高行，汉画像石，山东嘉祥

① 历史人物·曹子劫桓，汉画像石，山东嘉祥
② 历史人物，汉画像石，山东嘉祥
③ 历史人物，汉画像石，山东嘉祥

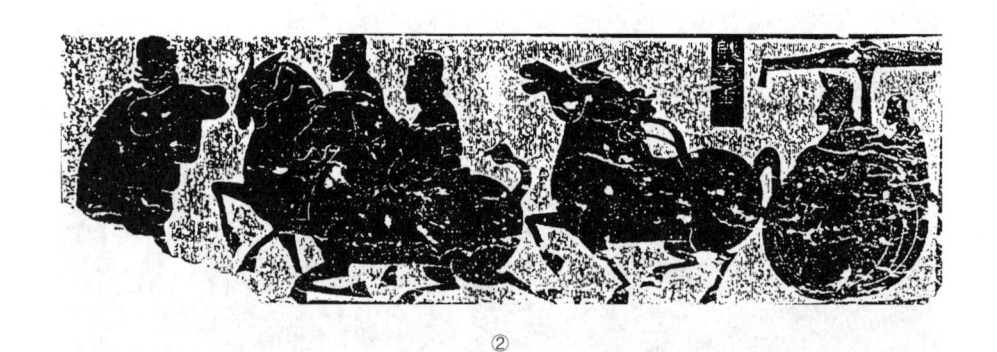

① 历史人物，汉画像石，山东嘉祥武氏祠
② 历史人物，汉画像石，山东嘉祥武氏祠
③ 历史人物·孝义故事，汉画像石，山东嘉祥武氏祠

① 历史人物，汉画像石，山东滕州
② 历史人物·豫让刺赵襄子，汉画像石，山东苍山

① 历史人物·伯乐相马，汉画像石，山东邹城
② 历史人物·孝子赵苟故事，汉画像石，山东泰安大汶口
③ 历史人物，汉画像石，山东莒县

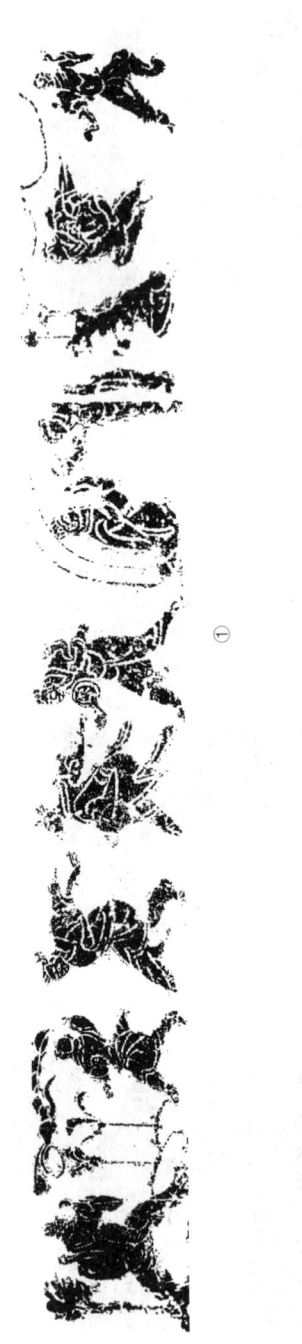

① 历史人物，汉画像石，浙江海宁
② 历史人物·高祖斩蛇，汉画像石，浙江海宁
③ 历史人物·启生，汉画像石，江苏徐州

① 历史人物·秋胡戏妻季札挂剑，汉画像石棺，四川射洪
② 历史人物·秋胡戏妻，汉画像石棺，四川新津
③ 历史人物，汉代壁画，辽宁金州

① 历史人物·伯乐相马，汉画像石，陕西横山
② 历史人物·窃符救赵，汉画像石，陕西绥德

①
②

① 历史人物·升鼎，汉画像砖，四川彭州
② 历史人物·问鼎，汉画像砖，四川彭州

① 历史人物·子路，汉画像石，山东嘉祥武氏祠
② 历史人物·夏桀，汉画像石，山东嘉祥武氏祠

① 历史人物·神农氏，汉画像石，山东嘉祥武氏祠
② 历史人物·黄帝，汉画像石，山东嘉祥武氏祠

① 历史人物·齐王与钟离春，汉画像石，山东嘉祥武氏祠
② 历史人物·名医仓公，汉画像石，山东济南
③ 历史人物·柳下惠，汉画像石，山东嘉祥武氏祠

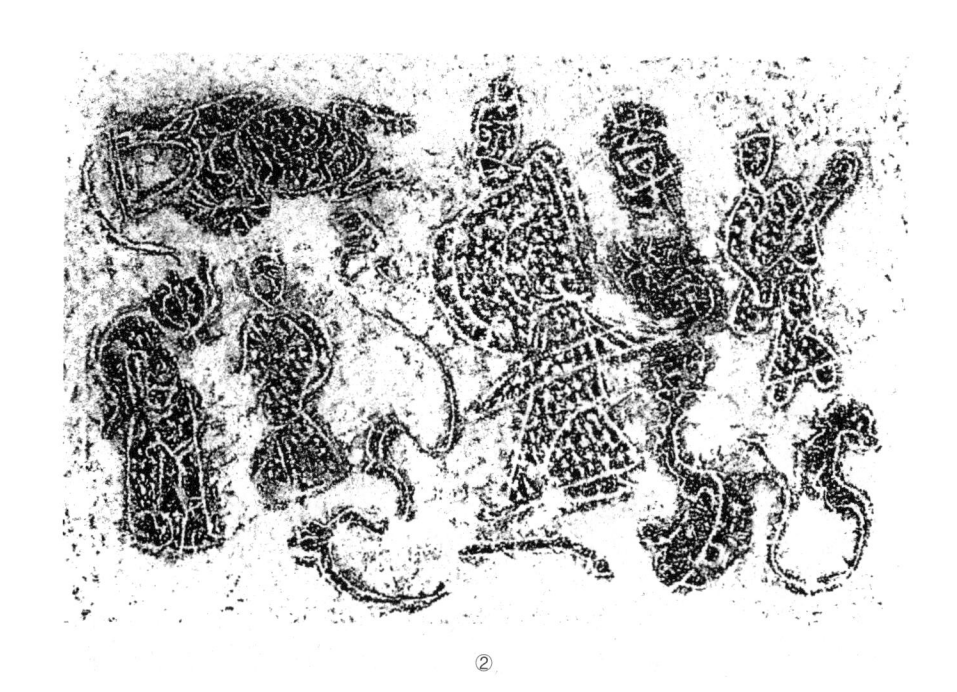

① 历史人物·仓颉，汉画像石，山东临沂
② 历史人物·老子，汉画像石，山东兖州

① 历史人物·古代帝王王后，汉画像石，山东莒县
② 历史人物，汉画像石，山东莒县
③ 历史人物，汉画像石，山东莒县
④ 历史人物，汉画像石，山东莒县

① 历史人物·三皇五帝，汉画像石，山东嘉祥武氏祠
② 历史人物，汉画像石，山东邹城

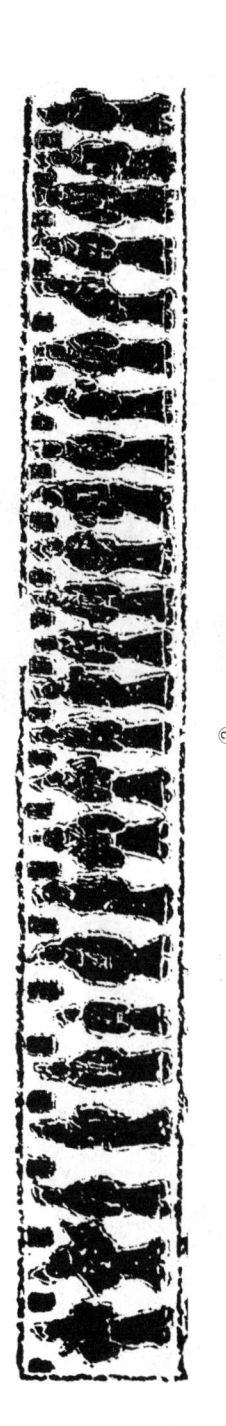

① 历史人物·帝王，汉画像石，山东沂南北寨
② 历史人物·苏武，汉画像石，山东沂南北寨

① 历史人物·卫姬谏齐桓公,汉画像石,山东沂南北寨
② 历史人物·仓颉与神农,汉画像石,山东沂南北寨

① 历史人物·聂政刺韩王，汉画像石，山东沂南北寨

① 历史人物·晋灵公杀赵盾，汉画像石，山东沂南北寨

① 历史人物，汉画像石，山东沂南北寨
② 历史人物，汉画像石，山东沂南北寨

①

②

① 历史人物，汉画像石，山东沂南北寨
② 历史人物，汉画像石，山东沂南北寨

① 历史人物,汉画像石,山东沂南北寨
② 历史人物,汉画像石,山东沂南北寨

① 历史人物，汉画像石，山东沂南北寨
② 历史人物·蔺相如与孟贲，汉画像石，山东沂南北寨

① 历史人物·神农，汉画像石，江苏徐州
② 历史人物·子路，汉画像石，江苏铜山

① 历史人物·伯乐相马，汉画像石，江苏徐州
② 历史人物·伯乐相马，汉画像石，安徽淮北

① 历史人物·指鹿为马，汉画像石，安徽宿州
② 历史人物·狗咬赵盾，汉画像砖，河南郑州

① 历史人物·夏由，汉画像砖，河南许昌
② 历史人物·伍子胥，汉画像砖，河南许昌

① 历史人物·王女，汉代铜镜，浙江绍兴
② 历史人物·越王，汉代铜镜，浙江绍兴

① 历史人物·伍子胥，汉代铜镜，浙江绍兴
② 历史人物，汉代铜镜，浙江绍兴

众人物

① 众人物·讲经，汉画像石，河南南阳宛城区

① 众人物·人物与植物，汉画像砖，河南郑州
② 众人物·车马人物，汉画像石，山东滕州

① 众人物，汉画像石，山东滕州

①

②

① 众人物，汉画像石，山东滕州
② 众人物，汉画像石，山东滕州

① 众人物·车马人物，汉画像石，山东滕州
② 众人物，汉画像石，山东滕州
③ 众人物，汉画像石，山东滕州
④ 众人物，汉画像石，山东滕州

①

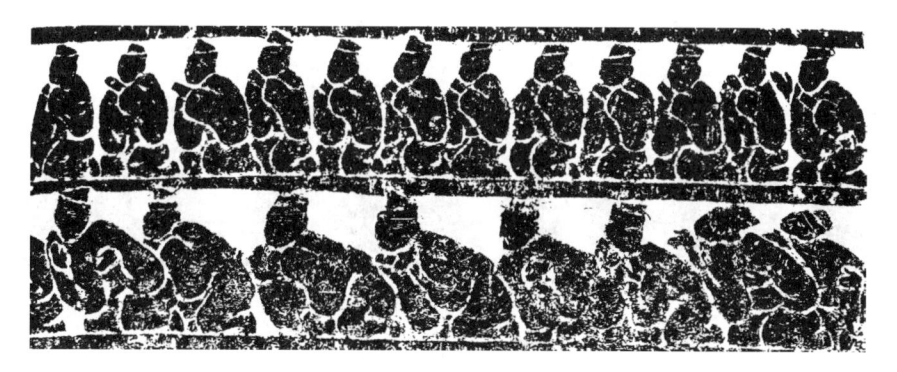

②

③

① 众人物，汉画像石，山东临沂
② 众人物，汉画像石，山东临沂白庄
③ 众人物，汉画像石，山东临沂白庄

① 众人物，汉画像石，山东临沂
② 众人物·讲学，汉画像石，山东微山
③ 众人物，汉画像石，山东微山
④ 众人物，汉画像石，山东微山

① 众人物，汉画像石，山东微山
② 众人物，汉画像石，山东微山

① 众人物，汉画像石，山东邹城
② 众人物，汉画像石，山东邹城
③ 众人物，汉画像石，山东邹城

①
②

① 众人物，汉画像石，山东邹城
② 众人物，汉画像石，山东邹城

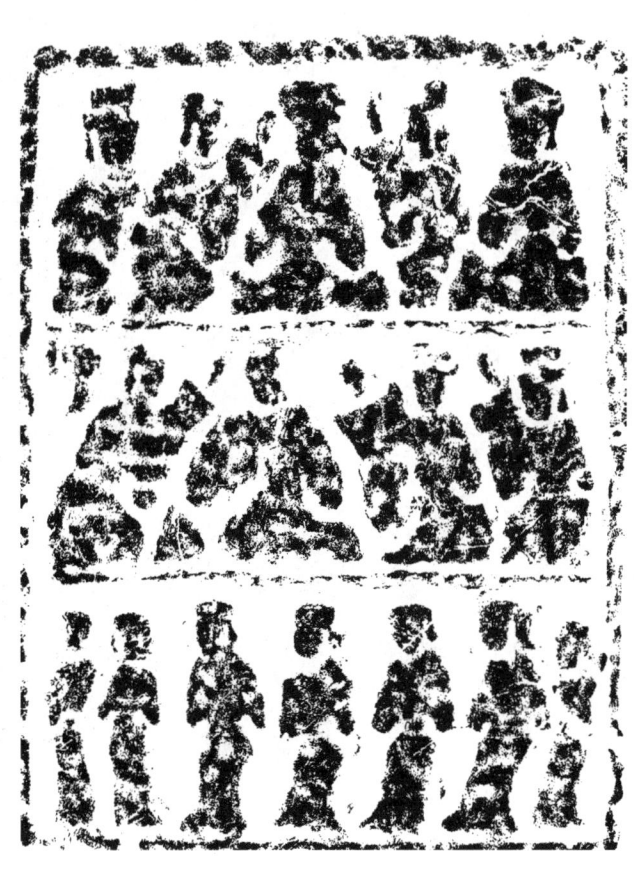

① 众人物，汉画像石，山东汶上

① 众人物，汉画像石，山东枣庄

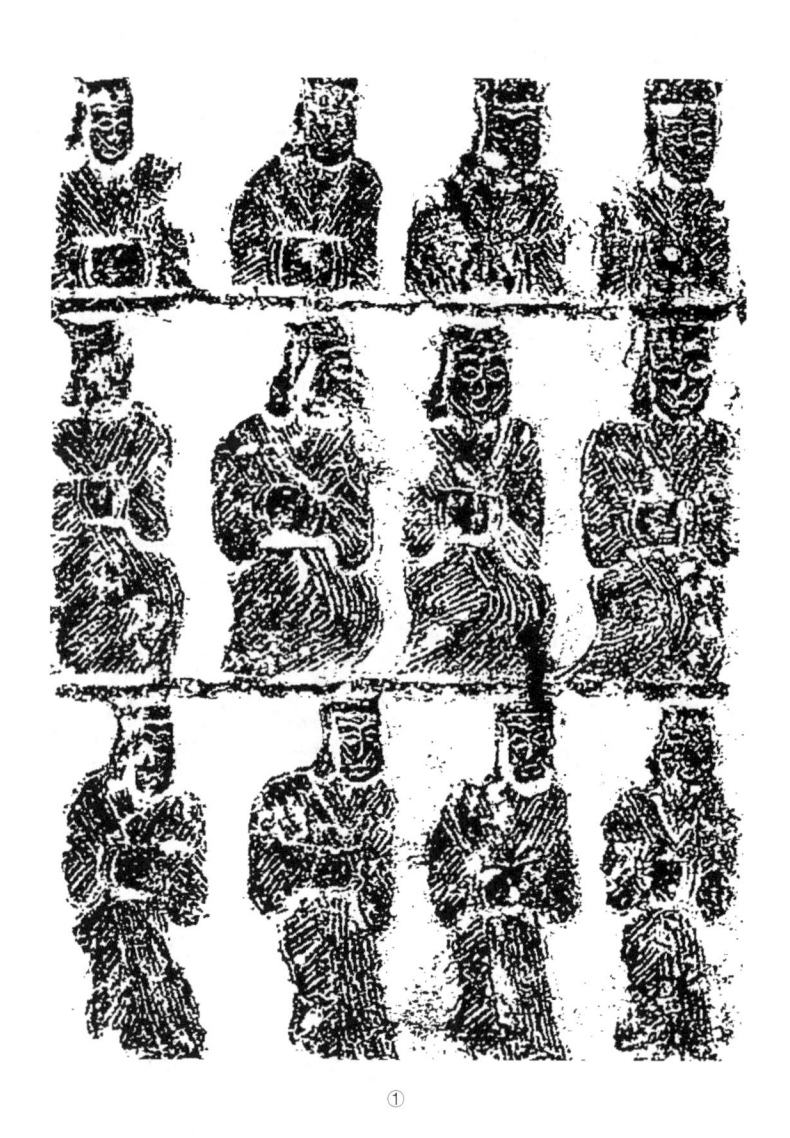

① 众人物，汉画像石，安徽宿州
② 众人物·讲学，汉画像石，安徽宿州褚兰镇
③ 众人物，汉画像石，安徽宿州褚兰镇

① 众人物，汉画像石，安徽宿州褚兰镇
② 众人物，汉画像石，安徽定远
③ 众人物，汉画像石，安徽宿州

① 众人物，汉画像石，安徽宿州褚兰镇
② 众人物，汉画像石，安徽宿州褚兰镇
③ 众人物，汉画像石，安徽宿州褚兰镇

① 众人物，汉画像石，安徽宿州褚兰镇
② 众人物，汉画像石，安徽宿州褚兰镇
③ 众人物，汉画像石，江苏邳州

① 众人物，汉画像石，江苏睢宁
② 众人物，汉画像石，江苏睢宁
③ 众人物，汉画像石，江苏徐州

① 众人物，汉画像石，江苏徐州
② 众人物，汉画像石，江苏徐州

① 众人物·讲学，汉画像石，江苏徐州
② 众人物，汉画像石，江苏徐州
③ 众人物，汉画像石，江苏徐州

① 众人物·讲学，汉画像石，江苏徐州
② 众人物，汉画像石，江苏徐州
③ 众人物，汉画像石，江苏徐州

① 众人物，汉画像石，陕西绥德
② 众人物，汉画像石，陕西绥德
③ 众人物，汉画像石，陕西绥德

① 众人物·野合，汉画像石，陕西绥德
② 众人物·野合，汉画像砖，四川德阳

① 众人物·接吻，汉画像石棺，四川荥经
② 众人物·出行宴乐，汉画像石，四川成都
③ 众人物·施刑，汉画像石，河南南阳

① 众人物·拥抱，汉画像石，河南方城
② 众人物·收租，汉画像石，河南新密打虎亭

① 众人物·孝子，汉代漆器，朝鲜平壤
② 众人物·孝子，汉代漆器，朝鲜平壤
③ 众人物·孝子，汉代漆器，朝鲜平壤

人面人首

① 人面人首·人物面部，汉画像砖，河南许昌

① 人面人首·人物面部，汉画像砖，河南许昌
② 人面人首·人物面部，汉画像砖，河南许昌

① 人面人首·人物面部，汉画像砖，河南许昌
② 人面人首·人物头部，汉画像石，山东莒县
③ 人面人首·人物头部，汉画像石，山东莒县

① 人面人首・人物头部，汉画像石，山东嘉祥宋山
② 人面人首・人物头部，汉画像石，山东嘉祥宋山
③ 人面人首・人物头部，汉画像石，安徽淮北